촉법소년
우리 아이들

촉법소년
우리 아이들
연령을 하향해야 할까?

altairbooks

이 책을
상처 받은 아이들과
그 아이들을 위해
오늘도 묵묵히
같이 손잡고 걷고 계신
모든 분들께 바칩니다.

추천의 말

　당신은 촉법소년에 대해, 촉법소년의 범죄 전후에 대해, 촉법소년이 저지른 범죄의 피해자에 대해 얼마나 알고 있습니까? 전국에 소년교도소는 1개소뿐이고, 여자아이만을 위한 시설은 없다는 사실을 알고 계십니까? 2017년 부산 여중생 폭행사건의 피해자는 고등학교에 진학하긴 했지만 누구의 도움도 받지 못한 채 학업도 마치지 못하고 결국 자퇴한 사실을 알고 계십니까?

　촉법소년법은 1912년 처음 관련 법이 제정되었고, 2007년에 소년법 개정에 따라 촉법소년 하향연령이 현행과 같이 10~14세로 조정되었습니다. 9호 및 10호 처분을 받지 않은 촉법소년은 형사처벌은 할 수 없고 보호처분만 가능합니다. 이것이 우리 모두가 촉법소년의 범죄에 대해 인과응보가 되지 않았다며 분노하는 주된 이유입니다. 하지만 소년범과 소년범죄의 특성을 고려할 때 촉법소년 문제는 가해자나 피해자 누구 일방의 편에 서는 단순한 문제가 아닙니다. 우리가 혼자 생각하고 결론을 내릴 수 있는 문제도 아닙니다. 그러면서도 시대와 사회상의 변화에 따라 우리가 끊임없이 나은 방향을 고민하여야 하는 해결이 쉽지 않은 문제이기도 합니다.

　그렇기에 사회적 변화에 따른 여러 대안들과 새로운 사회적 함의의 필요성, 촉법소년의 교화를 위하여 정부와 각종 기관들이 현재 운영하고 있는 여러 정책과 시설에 대해 종합적으로 살펴보는 시각이 균형적으로 필요합니다. <촉법소년 우리 아이들>은 지금은 기억 뒤편으로 사라진 과거 촉법소년 사건의 조각들을 끄집어내고, 촉법소년 범죄에 대한 통계를 면밀히 들여다보며, 관련 인터뷰, 매체에 투영된 관점들을 한데 모아 다양한 시각에서 촉법소년 문제를 검토하고 있습니다.

각 장의 말미에 있는 논술 주제와 토론 주제는 대입 논술을 준비하는 학생들 또는 관련 뉴스를 보면서 직장 동료와 누구나 한 번쯤 이야기해보았을 내용들일 것입니다. 하지만 '생각해볼 거리'로 던져진 질문들은 아닐 것입니다. 이 책에 언급된 여러 개념들, 회복적 사법체계와 재통합적 수치심, 중간처우제도 등 사회적 함의의 거름이 될 여러 논의와 이론들에 대해서도 독자 여러분 대부분은 초면일 것입니다. 이 책이 던지는 생각해볼 거리들, "처벌 이전에 우리 사회가 먼저 해야 할 일은 무엇일까?", "우리는 소년범에게 '기회'를 줄 준비가 되어 있는가?" 와 같은 질문들에 대해 책을 덮고 잠시라도 천천히 생각해보기를, 주변 사람들의 의견을 자문해보기를 바랍니다. 나아가 우리 사회가 나아갈 방향에 대해 탐구하는 여러분들 모두가 우리를 조금 더 정답에 가까이 데려가 줄 것이라고 믿습니다.

법무법인 삼양   황귀빈 변호사

저자 서문

"아이는 어른의 아버지다(The child is father of the man)." 영국의 시인 윌리엄 워즈워스가 남긴 이 말은 오늘날 우리가 마주한 촉법소년 문제의 본질을 꿰뚫고 있다. 아이의 모습에서 우리는 미래의 어른을, 그리고 그 어른을 만들어낸 현재의 사회를 볼 수 있다.

대학 강단에서 학술적 글쓰기를 가르치며 매 학기마다 학생들과 함께 우리 사회의 첨예한 쟁점들을 다루며 토론하고 글로 정리하는 과정을 거쳐왔다. 그 중에서도 '촉법소년' 문제는 언제나 가장 뜨거운 논쟁을 불러일으키는 주제이다.

독일의 법철학자 구스타프 라트브루흐(Gustav Radbruch)는 이렇게 말했다. "법은 정의를 실현하려 하지만, 동시에 법적 안정성도 보장해야 한다. 이 두 가치가 충돌할 때, 우리는 어려운 선택에 직면한다." 촉법소년 문제야말로 정의와 안정성, 처벌과 보호, 사회 안전과 인권이 첨예하게 맞부딪치는 두 가치의 충돌 지점이다.

소년범죄와 촉법소년 문제는 우리 사회가 지닌 구조적 그늘이 드러나는 민감한 주제이다. 뉴스를 통해 전해지는 충격적인 사건들 앞에서 많은 사람들이 분노하고, 처벌을 강화하자는 목소리를 높인다. 하지만 이러한 감정적 대응은 종종 그 이면에 있는 아이들의 삶과 현실을 외면하게 만든다. 아이들은 어느 날 갑자기 범죄자가 되지 않는다. 그들은 오랜 시간 방치되고, 단절되고, 외면당한 채 벼랑 끝으로 몰린다.

법학자 루돌프 폰 예링은 "법은 투쟁 속에서 살아 움직인다"고 했다. 그러나 나는 그 투쟁이 단지 응보의 방향만을 향해 있어서는 안 된다고 믿는다. 진정한 법은 공동체의 연대를 회복하고, 다시 설 수 있는 기회를 마련해 주는 데 있다. 이는 특히 아직 성숙하지 못한 존재인 청소년에게는 더욱 절실한 과제이다.

이 책은 촉법소년 연령 하향 논쟁에 대한 찬반을 넘어, 우리가 진심으로 바라보아야 할 아이들의 목소리를 담고자 했다. 사회적 낙인과 형벌보다 중요한 것은 재범을 줄이고, 다시 사회의 일원으로 살아갈 수 있도록 돕는 일이다. 교화와 재사회화는 단순한 이상이 아니라, 모두를 위한 지속가능한 안전망이다. 촉법소년 문제 역시 단순히 연령을 몇 살로 정할 것인가의 문제가 아니라, 우리 사회가 어떤 가치를 추구하고 어떤 미래를 만들어갈 것인가의 문제이다.

이 책은 그러한 문제의식에서 출발한다. 학생들과의 수업을 통해 쌓인 경험과 고민을 바탕으로, 촉법소년 문제를 둘러싼 다양한 관점들을 균형 있게 소개하고, 독자들이 스스로 판단할 수 있는 자료와 논거를 제공하고자 했다. 학술적 엄밀함은 유지하되, 일반 독자들도 쉽게 접근할 수 있도록 대중적 언어로 풀어내려 했다. 촉법소년들 역시 우리가 물려준 세상에서 자라난 아이들이고 그들의 문제는 곧 우리 사회의 문제이며, 그들의 미래는 곧 우리 모두의 미래이다. 이 책이 촉법소년 문제를 바라보는 새로운 시각을 제공하고, 진정한 해결책을 찾아가는 데 작은 디딤돌이 되기를 바란다. 무엇보다 이 문제가 단순한 찬반 논쟁을 넘어, 우리 사회의 성숙한 성찰과 지혜로운 선택으로 이어지기를 희망한다.

2025년 9월

저자 초끈

목차

추천의 말	6
저자 서문	8
들어가며:	15
당신은 어떤 선택을 하겠습니까?	
제1장 촉법소년이란 누구인가?	28
제2장 통계의 이면:	40
늘어나는 청소년범죄?	
제3장 연령을 낮추자는 주장:	66
처벌이 필요하다	

제4장 반대 의견: 84
    아이는 보호받아야 한다
제5장 법률과 현실의 간극 102
제6장 당신의 판단은? 122
제7장 대안과 제안: 138
    길은 하나뿐일까?
마무리: 156
    소년은 사회의 거울이다
미주 167

촉법소년
우리 아이들

들어가며:
당신은 어떤 선택을 하겠습니까?

방황하는 아이들의 비극

 2020년 4월, 대전 동부 경찰서는 훔친 차량으로 무면허 운전을 하다가 사고를 내고 도주한 혐의(특정범죄가중처벌법위반 등)로 A 군(당시 13세) 등 8명을 붙잡았다. 이들은 이틀 전인 3월 29일 서울에서 주차되어 있던 렌터카를 훔쳐 대전까지 무면허로 운전했고, 다음 날 오전 0시, 차량 방범용 CCTV에 포착되어 도난수배 차량으로 경찰의 추격을 받게 되었다. 대전 동구 성남 네거리 인근에서 순찰차량이 이들의 차량을 발견했으나, 추적을 피하려던 차는 후진하다가 택시와 접촉사고를 냈다. 이어 중앙선을 침범하며 도주하던 중 배달 아르바이트 중이던 대학 신입생 이씨(18세)가 몰던 오토바이와 충돌하여 이씨가 숨지는 사고를 일으켰다. 현장에서 6명이 붙잡혔고, 나머지 2명은 달아났다가 같은 날 오후 서울에서 검거되었다. 재판 결과 주범인 운전자 A 군과 3명만 소년분류심사원으로 넘겨졌고, 다른 5명은 귀가조치 되었다.[1] 사고 당시 13세였던 이 아이들은 형사책임을 지지 않는 촉법소년들이었다. 사건의 내용도 매우 대담하고 충격적이었지만, 이 사건이 공분을 일으킨 부분은 이들의 SNS가 알려지면서부터였다. 가해자들은 이미 이 사고 이전에도 여러 차례 차량을 훔친 전력이 있었고, 이로 인해 경찰서에 간 것을 자랑인 듯 자신의 SNS에 "구미경찰서 재낄준비"라고 올리기도 했다는 사실이 알려졌다. 당시 사건을 수사한 경찰은 "잘못했다고 반성하는 기미가 보이기는커녕 이 사안을 심각하게 생각하는 것처럼 보이지도 않았다"고 했다. 법적 테두리 안에서는 미성년자라는 이유로 신상공개를 하지 못했지만, 이들의 SNS가 공개되면서 가해자들은 비난의 대상이 되었다. 물론 이 아이들이 일으킨 사고로 죽은 18살 피해자의 부모는 이 아이들에게서 어떤 사과도 받지 못했다. 피해자는 2020년 초 코로나로 개강이 미뤄지자 월세를 벌기 위해 배달 아르바이트를 하던 중이었다.

촉법소년 문제에 대한 사회의 관심을 다시 불러일으켰던 이 사건은 범죄의 심각함과 반성이 없는 태도로 인해 공분을 불러일으켰고, 엄정한 법의 처벌을 요구하는 사회적 분위기가 생겨났다. 사건 당시 이들은 촉법소년이었다. 10-14세의 촉법소년은 소년법의 적용을 받는 보호처분 대상이다. 보호처분은 가정위탁 감호에서 소년원까지 1호에서 10호로 구분되는데, 가장 무거운 처분인 보호처분 10호도 소년원 2년 송치까지이고, 전과기록도 남지 않는다. 나이가 어리다는 이유로 처벌을 받지 않았던 이들은 2년 뒤 고등학생이 된 후 다른 중학생들을 폭행하고 금품을 갈취하는 등의 재범을 저질러 다시 구속되었다. 이들은 당시 13살이던 피해자들을 18시간이나 폭행해서 치아가 부러지고, 머리카락이 잘리는 등의 피해를 입힌 것으로 밝혀졌다.[2] 반복된 절도와 사람이 죽는 사고와 같은 인명사고를 저질렀음에도 반성하지 않는 태도를 보이거나, 비슷한 전력이 누적되어 있는 등 소년범죄의 가장 우려할 만한 상황이 확인되었음에도 불구하고 이들은 형사 처벌을 받지 않았고, 재범까지 저질러서 다시 구속되었다.

  이 부분에서 우리는 묻지 않을 수 없다. "법적으로 처벌이 불가능한 연령대라 하더라도 범죄의 경중에 따라 처벌을 하는 것이 사회정의인가?" 중대범죄를 저질렀음에도 처벌을 받지 않아서 사회적 분노를 불러 일으킨 사건은 이 사건분만이 아니다. 잊을 만하면 반복되는 소년범죄는 이제 제도의 개선을 통해서만 막을 수 있다는 사회적 동의가 이루어지고 있다. 하지만 소년부 판사 생활을 오래하며 가해 소년들을 꾸짖는 '호통판사'로 유명한 천종호 판사는 "연령을 낮출 수는 있겠지만, 지금도 외국에 비해 터무니없이 높지 않다"며, "특정 범죄에 대해서 형사처벌 할 수 있는 보완책을 마련할 수 있다"고 했다. 그는 소년 범죄자들의 재범을 막기 위해 가정법원에서 분류심사원 임시 위탁을 명령하는 '강제동행제도'의 도입을 제안하기도 했다.[3] 범죄를 저질러도 처벌받지 않는 아이들, 반성하지 않는 이 아이들을 천종호 판사의 제안처럼 처벌이 아닌 교화를 통해 올바른 길로 이끌 수 있을까? 우리는 그 제안의 현실성을 검토하려고 한다. 이를 위해 문제의 본질에 해당하는 촉법소년에 대한 법적 검토를 중심으로 우리 사회가

이 문제를 해결하기 위해 어떤 단계들을 거쳐 왔는지를 확인하고, 외국의 사례와 우리 사회에의 적용 가능성, 그리고 그 효과에 대한 예측도 살펴보려고 한다. 중요한 것은 우리 사회에 정의가 있음을 확인하고자 하는 것이며, 이를 위해 문제의 본질에서 놓치고 있는 부분이 무엇인지를 확인하고자 한다.

촉법소년 법의 제정과 논란의 과정

촉법소년이라는 용어는 우리나라와 일본에서만 사용되고 있는 용어로서 대부분의 나라들은 청소년 사법제도Juvenile Justice system 상 형사미성년 비행Juvenile delinquency으로 규정하고 있다. 형사미성년자 제도는 로마법에서 시작되어 독일법을 거쳐 우리나라에까지 이어져 온 제도이다. 즉 로마법에서는 7세 미만의 자를, 1923년 소년법원법 제정이후의 독일법부터는 취학종료연령인 14세를 기준으로 그 연령 미만의 자를 절대적 형사미성년자로 취급해 왔다. 우리나라의 현행 소년법은 1958년 7월 24일 법률 제489호로 제정되었지만, 소년법상 촉법소년의 연령에 대하여 처음 명문화한 것은 1963년 7월, 국가최고재건회의가 소년법을 일부 개정하면서부터이다. 제정의 구체적인 배경에 대해서는 제안이유 및 제안내용 등에 언급되어 있지 않지만 광복과 연이은 6.25 전쟁 직후 법 제정을 위한 연구진의 인력이 풍부하지 못하였던 점을 감안할 때, 이러한 연령설정과 관련해서 일본의 형법과 소년법을 참고한 것으로 볼 수 있다.[4]

1958년에 만들어진 촉법소년에 관한 법률이 개정되게 된 계기는 2003년의 한 헌법소원에 대한 판결로부터 시작되었다. 2003년에 헌법재판소는 '14세 미만의 자를 형사 미성년자로 규정하고 있는 형법 제9조가 청구인의 재판절차진술권 및 평등권을 침해하여 위헌인지 여부'에 대하여 판결을 내렸다.[5] 이 헌법소원은 2001년에 발생한 촉법소년 사건으로 인해 제기된 것이었다. 2001년 경기도 고양시에서 초등학교 6학년생인 이모군 등 9명[6]이 같은 학교 1학년 여학생을 학교 근처에서 주먹과 돌로 폭행하고 성폭행한 혐의로 고소되었다. 이 사건의 수사를 맡은 의정부 지검(당시 의정부지청)은 2002년 가해자들이 형사미성년자에 해당하므로 죄를 물을 수 없다면서 불기소처분했다. 당시 이들은 촉법소년의 연령에 해당하므로 소년부에 송치할 수 있었지만 검찰은 송치조차 하지 않았다. 피해자 측은 형사미성년자의 나이를 규정한 형법 제9조의 위헌 여부와 검찰의 소년부 불송치 결정의 부당성을 가려달라며 헌법소원 심판을 청구했으나 헌재는 이를 모두 기각했다.[7] 당시 헌재는 합헌 판결을 내렸으나 물론 소수의견도 있었다. 당시 최초의 여성 헌법재판관이었던 전효숙 재판관은 보충의견에서 이와 같이 밝힌다.

이 사건 법률조항이 입법자가 명백히 불합리하게 입법형성권을 행사한 것으로 보기 어려우므로 합헌이라는 다수의견에 원칙적으로 찬성한다.

그러나, 최근 들어 조기교육의 활성화와 교육제도의 발달, 물질의 풍요 등으로 인간의 정신적·육체적 성장속도가 점점 빨라지고 있으며, 범죄의 저연령화·흉폭화 등이 문제되고 있는 현실을 고려하면 통상 중학교 1-2학년까지의 소년에 해당하는 14세 미만이라는 책임연령은 이제는 현실적으로 높다고 하지 않을 수 없다.

그리고 이 사건 법률조항은 소년법상의 보호처분대상을 12세 이상으로 한정하고 있는 현행 법체계와 결합하여 범죄행위자가 12세 미만인 경우에는 피해자가 국가로부터 어떠한 보호도 받지 못하는 결과를 초래하고 있다. 12세 미만의 청소년범죄가 증가하는 추세에 있음에도 국가가 12세 미만의 소년의 범죄행위에 대하여 아무런 조치도 취하지 않고 방치하는 것은 범죄피해자의 생명·신체에 대한 보호의무를 완전히 저버리고 있는 것이며, 이는 범죄행위자의 나이에 근거하여 피해자에 대한 보호의 정도를 부당하게 차별하는 것이다. 이러한 점에서 범죄행위자의 연령으로 인하여 피해자가 생명·신체라는 기본권적 법익을 보호받지 못하는 일이 없도록 관련 형법 및 소년법규정을 재검토하고 이를 보완하는 입법적 시정조치가 있어야 한다.[8]

헌법재판소 2003. 9. 25. 선고(강조는 필자)

　비록 헌법소원은 기각되었지만, 전효숙 재판관은 소수의견에서 피해자의 측면을 강조하고 있는 것이다. 전효숙 재판관은 12세 미만 범죄소년의 증가는 더 어린 피해자들의 보호의무를 저버리고 있는 것이라고 판단하고 있다. 그리고 이러한 보충의견은 2007년에 소년법이 개정되게 되는 중요한 근거가 되었다. 기존 촉법소년의 연령은 12-13세였으나 이 판결 이후 소년법 개정에 대한 사회적 관심이 증가하고, 2007년 12월에 촉법소년의 연령은 하향연령이 낮아지면서 10-14세로 개정된다. 하지만 촉법소년의 범죄 양상이 흉포화되고, 숫자도 증가하면서 다시 연령 하향에 대한 논의가 계속되고 있다. 이 사건은 촉법소년의 하한연령을 하향하는 개정안을 이끌어내었지만, 여전히 상한연령은 14세로 되어있다. 이에 상한연령도 하향해야 하는지에 대한 논의가 주목을 받고 있다.

촉법소년의 연령을 낮추면 사회정의는 실현될까?
- 처벌적 패러다임과 진보적 패러다임

　그렇다면 촉법소년의 연령을 낮추는 것이 과연 사회정의를 실현하는 방법일까? 2001년 고양시 초등학교 촉법소년 사건은 헌재에서 기각되고, 전효숙 재판관의 의견은 소수의견으로 남겨졌다. 이에 대해 최재천 변호사는 전효숙 재판관의 소수의견이 신자유주의와 맥을 같이 하는 소년범죄 대응에 있어서의 정의모델Justice Model에 해당한다고 평가한다. 정의모델이란 무엇일까? 최재천 변호사는 소년범죄 대응에 있어서 소년사법모델을 세 가지로 분류한다. 교정주의 모델과 사회반응이론 모델, 그리고 정의모델이 그것이다. 첫째 교정주의 모델은 소년의 범죄적 소양이나 환경을 교화, 개선하면서 사회에 복귀시키는 것을 내용으로 하는데, 우리 소년법이 바로 이 모델에 입각해 있는 것으로 평가한다. 두 번째는 사회반응이론 모델로, 이 모델은 범죄는 개인을 대하는 특수한 사회적 반응양식에 의해 만들어진다는 이론으로 낙인이론이 대표적이며, 정책 모델로는 불개입주의 등이 있다. 셋째, 정의모델은 1980년대 들어오면서 기존의 범죄통제 정책에 대한 전면적인 재검토를 주장하면서 범죄에 대한 강력한 대응을 요구하는 모델이다. 지금까지의 범죄통제 대책이 지나친 온정주의 또는 방임주의로 흐르게 되어 오히려 범죄를 조장하고 있다고 보고, 따라서 이에 대처할 새로운 형사정책 목표를 형벌균형주의에 입각한 응보사상으로 내세운다. 정치·사회·경제적으로 보수주의와 맥을 같이하며, 레이건 미국대통령과 대처 영국 수상에 의해 정책으로 실행되기 시작한 신자유주의

이념의 한 표현으로 보는 것이다.[9] 그는 전효숙 재판관의 소수의견에 대해 세 가지 정의모델 중에서 세 번째인 신자유주의 정의 모델에 이 의견이 속한다고 본다. 그는 전효숙 헌법재판관의 이러한 소수의견이 소년법의 원래 취지나 기존 사회 정의이론에 비해 강한 처벌을 요구하는 의견이라고 보는 것이다.

최재천 변호사는 또한 형벌 패러다임도 처벌적 패러다임과 진보적 패러다임으로 분류하여 분석하는데, 두 패러다임은 범죄자에 대한 처벌이라는 입장에서 서로 반대된다. 우선 처벌적 패러다임은 범죄자가 충분한 형벌을 받아야만 범죄가 감소될 수 있다는 것을 핵심으로 하는데, 첫째, 범죄로는 아무것도 얻을 것이 없다는 것을 확신하도록 충분한 형벌이 가해져야만 하며, 둘째, 교도소는 범죄를 감소시킬 수 있는 확실한 수단이고, 셋째, 구금 인구를 증가시키면 시킬수록 사회는 더욱 안전해진다고 본다. 반면 진보적 패러다임은 첫째, 사회정의의 실현과 재소자인권의 보호 및 교정시설의 환경에 관심을 가지며, 둘째, 재소자들이 자신의 범행에 대한 책임성을 강조하고, 동시에 재활에 필요한 기술과 경쟁력을 함양하는 것을 돕고자 하며, 셋째, 지역사회와의 연계 하에서 개혁을 표방한다. 개인의 책임과 응보적 관점보다는 범죄의 사회적 책임과 수형자의 기본적 권리에 많은 관심을 기울이는 패러다임이다.[10] 두 패러다임의 차이는 전자가 피해자의 입장에서 정의의 구현을 보여준다는 점이고, 후자는 가해자의 입장에서 범죄자의 인권과 교정의 측면을 강조한다는 점에서 대비되고 있다.

  이 사건에 대한 헌법소원은 기각되었고, 전효숙 재판관의 소수의견은 보수적 정의모델과 처벌적 패러다임으로 평가되었지만, 그럼에도 불구하고 2007년의 소년법 개정에서 촉법소년의 하한연령이 12~13세에서 10~14세로 개정되는데 영향을 끼치게 된다. 하지만 20여 년의 시간이 흐른 뒤 촉법소년의 연령 하향에 대한 문제는 다시 논란의 중심이 된다. 이번에는 상한연령의 하향이라는 문제이다. 이제 우리는 냉정하게 정의의 구현과 인권의 보호 사이에서 어떤 선택을 해야 하는가? 법과 현실, 통계와 감정, 찬성과 반대 사이에서 우리가 무엇을 지켜야 하는지 함께 고민해야 할 시점인 것이다.

들어가며;당신은 어떤 선택을 하겠습니까?

28 촉법소년 우리 아이들

촉법소년
우리 아이들

제1장 촉법소년이란 누구인가?

범죄를 저질러도 처벌받지 않는 아이들, 촉법소년

우리나라에서 범죄를 저지르면 형법에 의해 처벌을 받는다. 형법의 목적은 응보와 교화, 예방이며 그 중 가장 본질적인 목적은 응보이다. 하지만 미성년 소년 범죄자의 경우 이러한 형법의 본질은 다르게 적용된다. 응보보다는 교화와 예방이 우선이 되는 것이다. 소년 범죄자의 경우 나이에 따라 법적 적용도 다르다. 소년법의 경우 나이를 기준으로 분류되는데, 10세 미만은 범법소년, 10~14세 미만은 촉법소년, 14~19세 미만은 범죄소년에 해당한다. 10세 미만의 범법소년은 어떤 강력범죄를 저지르더라도 아무런 법적 규제를 가할 수 없다. 피해자 입장에서는 가해자에게 어떤 법적인 처벌도 행해지지 않는다는 점에 분노하지 않을 수 없다. 촉법소년의 경우에는 범죄의 양태에 따라 1호에서 10호까지의 처분을 받게 되는데, 9호 및 10호 처분을 받지 않은 촉법소년은 형사책임 능력이 없다고 보고, 형사처벌은 못하고 보호처분만 가능하다. 이 경우에도 보호자 또는 보호자를 대신하여 촉법소년의 감호를 위탁하거나 보호관찰관의 보호관찰을 받게 하는 것이 유일한 방법이다. 14~19세의 범죄소년은 형사 책임 능력자이므로 형사처벌은 가능하지만 소년법의 적용을 받는다. 이 경우는 상황에 따라 형사처벌이나 보호처분 중 결정이 이루어진다.[11]

촉법소년에 대한 보호처분의 종류

구분	보호처분종류	기간 또는 시간제한	대상연령
1호	보호자 또는 보호자를 대신하여 소년을 보호할 수 있는 사람에게 감호 위탁	6개월(6개월 연장 가능)	10세 이상
2호	수강명령	100시간 이내	12세 이상
3호	사회봉사 명령	200시간 이내	14세 이상
4호	보호관찰관의 단기 보호관찰	1년	10세 이상
5호	보호관찰관의 장기 보호관찰	2년(1년 연장가능)	10세이상
6호	아동복지법에 따른 복지시설이나 그 밖의 소년보호시설에 감호 위탁	6개월 (6개월 연장 가능)	10세 이상
7호	병원, 요양소 또는 보호소년 등의 처우에 관한 법률에 따른 소년의료보호시설에 위탁	6개월 (6개월 연장 가능)	10세 이상
8호	1개월 이내의 소년원 송치	1개월 이내	10세 이상
9호	단기 소년원 송치	6개월 이내	10세 이상
10호	장기 소년원 송치	2년 이내	12세이상

법무부 자료

하지만 우리 사회는 '어린이와 청소년은 처벌보다 교화가 우선'이라는 원칙을 바탕으로 제도를 운영해왔다. 이는 세계적인 기준과도 크게 다르지 않다. 유엔 아동권리협약UNCRC은 청소년 범죄에 대해 가능한 한 형사처벌을 피하고, 회복과 재통합 중심의 처분을 권고하고 있다. UN의 아동권리 협약 제1조에서 아동은 18세 미만의 모든 사람을 말하며 같은 협약 제37조에서는 아동에게는 어떠한 고문 또는 기타 잔혹하거나 비인간적이거나 굴욕적인 대우나 처벌을 받지 아니하고, 사형 또는 석방의 가능성이 없는 종신형은 18세 미만의 사람이 범하는 범죄에 대하여 과하여져서는 아니 되며, 어떠한 아동도 위법적 또는 자의적으로 자유를 박탈당하지 아니한다고 규정하고 있다. 제32조에서는 최소형사책임연령(MACR; Minimum age of criminal responsibility)에 대해 "아동의 감성Emotional, 정신Mental, 그리고 지능Intellectual의 성숙에 기반을 두고 최소 형사책임 연령을 정하여야 한다."고 규정하면서 2002년에 각계분야 전문가들의 의견을 토대로 만 12세로 적용할 것을 권고하였다. 따라서 UN 아동권리위원회에서는 그 연령을 낮추지 않도록 촉구하고 있다.[12]

우리나라의 촉법소년 연령은 10~14세 미만이므로, 이러한 유엔 아동권리협약을 기준으로 하더라도 2세는 하향할 수 있는 여지가 있다는 점이 연령하향에 대한 지속적인 요구의 근거가 되고 있다. 또한 법원행정처의 사법연감과 통계월보에 의한 법원 통계를 살펴보면, 소년보호사건 중에서 촉법소년으로 처리된 사건 수가 2016년 이후 매년 증가하고 있다는 것도 고려해야할 부분이다. 2016년에는 6,834건이었지만 2020년엔 1만 건을 넘겼고, 2021년에는 12,024건이 촉법소년사건으로 처리되었다. 소년보호처분을 받은 촉법소년 가운데 대부분이

만 13세이며, 평균적으로 전체 촉법소년 중 13세가 72.7%로 분석되었다.[13] 13세가 전체 촉법소년의 비율에서 70%를 넘는다는 점이 이 나이의 성장속도를 고려한다면 당연한 점이기도 하지만, 만약 상한연령을 하향한다면 범죄율 감소에 효과가 있지 않을까 하는 점을 고려하게 되는 이유가 된다.

출생률은 줄고 있지만
촉법소년의 강력범죄는 늘고 있다.

촉법소년 연령하향에 대한 관심이 높아지고 있는 이유는 통계를 통해서도 확인할 수 있다. 실제로 출생률은 줄어들고 있지만, 촉법소년 범죄는 늘어나고 있는 점을 확인할 수 있다. 최근 5년간 10~18세 인구는 50만 명이 줄었다. 10%가 넘는 인구가 줄었음에도 불구하고, 촉법소년에 의한 강력범죄는 거의 줄지 않았으며, 살인 및 살인 미수범죄는 최근 3년간 8건이 발생하였다.

최근 5년간 10~18세 인구현황(단위; 명)

구분	2017	2018	2019	2020	2021
인원	4,534,941	4,388,248	4,199,918	4,110,265	4,084,400

촉법소년에 의한 살인 및 성폭력범죄

구분	2016	2017	2018	2019	2020
살인(미수포함)	0	0	3	1	4
강간, 추행	391	383	410	357	373

통계청 인구총조사, 2021.

촉법소년 소년부 송치현황

구분	2015	2016	2017	2018	2019
인원	6,551	6,576	7,533	7,364	8,615

촉법소년의 소년부 송치인원(단위; 명(%))

구분	10세	11세	12세	13세	합계
2015	269(4.)	1542(8.3)	1,317(20.1)	4,426(67.5)	6,551
2016	352(5.4)	678(10.3)	1,504(22.9)	4,042(61.5)	6,576
2017	501(6.7)	792(10.5)	1,603(21.3)	4,637(61.6)	7,533
2018	383(5.2)	630(8.6)	1,508(20.5)	4,843(65.8)	7,364
2019	472(5.5)	726(8.4)	1,747(20.3)	5,670(65.8)	8,615

법무연수원, 범죄백서, 2021.[14]

위의 통계에 의하면 촉법소년의 소년부 송치 인원은 출생률 감소에도 불구하고 계속 늘고 있는 것을 알 수 있다. 2015년에 소년부 송치 인원이 6,551명이었는데, 2019년에는 8,615명으로 증가했음을 알 수 있다. 출생률이 10% 넘게 감소한 것을 고려하면 2배 가까이 늘었다고 볼 수 있다. 또 연령별로 소년부 송치인원을 분석해보면 13세가 65%를 넘는 걸로 나타난다. 이 나이대의 성장속도를 고려하면 당연하다고 생각할 수도 있지만 이러한 쏠림 현상이 촉법소년 연령하향의 이유가 된다는 점에서 통계를 분석해야 할 필요가 있는 것이다.

다른 나라의 촉법소년 연령은 어떨까?

해외의 형사미성년자 연령은 국가에 따라 차이를 보인다. 우리나라의 경우처럼 이 나라들에서 해당 연령 이하의 소년들은 어떤 범죄를 저질러도 형사미성년자에 해당되기 때문에 처벌받지 않는다. 하지만 국가에 따라 예외조항도 있다. 예를 들어 중국은 16세 미만 소년은 범죄의 처벌을 받지 않지만 중범죄의 경우는 16세 미만 14세 이상은 처벌받는다.

16세 미만	중국 중범죄는 14세 이상도 처벌
14세 미만	독일, 오스트리아
7세 미만에서 14세 미만까지	미국
13세 미만	프랑스
12세 미만	캐나다
10~12세	일본 일본은 2021년 소년법 개정을 통해 기존 14세를 12세로 낮추었다. 하지만 중범죄는 12세를 11세까지 포함하는 연령으로 규정하고 있다.
10세 미만	영국

가장 형사미성년자 연령이 높은 중국도 16세로 되어 있지만 중범죄는 14세 이상도 처벌한다는 점에서 14세에서 12세 정도가 국가적으

로 유의미한 연령대라고 보아야 할 것이다. 2002년 유엔의 아동권리협약에서 권장한 연령도 12세이므로 14세 미만인 우리나라의 형사미성년자 연령을 13세로 낮추는 것은 아무 문제가 없다는 것을 확인할 수 있다. 그렇다면 국제적으로도 아무 문제가 없는데 왜 반대하는 것일까? 반대 이유를 구체적으로 검토할 필요가 있다.

물론 해외의 형사 미성년자 연령에 대한 통계는 숫자보다 중요한 것이 각국의 상황과 법적용의 현실일 것이다. 우리나라에서도 범죄의 행태에 분노하여 엄벌을 요구하는 대중적 요구가 높지만 중요한 것은 범죄발생을 어떻게 줄일 것인가의 측면이다. 그런 관점에서 이 글은 '연령'에 중점을 두고 있는 현행 논의가 놓치고 있는 부분은 무엇이며 우리가 어떤 노력을 해야 할지에 대한 검토를 통하여 이 문제에 접근하고자 한다.

👉 생각해 볼 거리

형사책임 연령이 왜 필요할까?

'나이'는 처벌을 결정하는 정당한 기준일까?

촉법소년의 보호처분은 충분한 처벌일까, 과연 실효성은 있는가?

✍ 토론 주제:

"촉법소년 제도는 폐지되어야 한다." (찬반)

✍ 논술 주제:

'형사책임 능력'은 나이만으로 판단할 수 있는가? 당신의 의견을 논리적으로 서술하시오.

촉법소년 우리 아이들

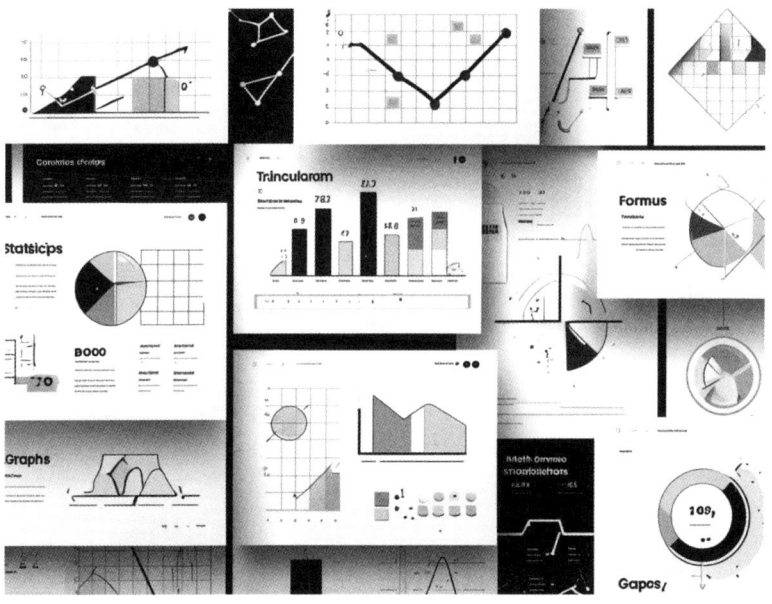

제2장 통계의 이면:

늘어나는 청소년범죄?

최근 5년간 촉법소년 범죄 25% 증가?

촉법소년 범죄에 대한 사회의 관심은 촉법소년의 숫자가 증가하고 있다는 점에 있다. 2022년에서 2025년 3월까지의 범죄소년과 촉법소년의 현황에 관한 통계를 보면, 실제로 최근 4년간 범죄소년과 촉법소년 범죄 현황에 대한 자료에서 범죄소년 증가율에 비해 촉법소년 증가율이 늘어나고 있음을 확인할 수 있다. 4년 사이에 범죄소년은 61,000명대에서 비슷하게 유지되고 있는 반면, 촉법소년은 16,000명 대에서 20,000명 이상으로, 불과 4년만에 25%정도 증가하고 있음을 확인할 수 있다.

구분	'22년	'23년	'24년	'25년 3월
범죄소년	61,112	66,500	61,815	14,994
촉법소년	16,435	19,653	20,814	4,866

범죄·촉법소년 현황(단위: 명)[15]

하지만 우리가 확인해야 할 점은 늘어나는 통계의 내용이다. 촉법소년 숫자는 분명히 증가하고 있지만, 범죄의 유형으로 다시 분석해보면 어떨까? 아래의 통계에서 범죄 유형 별로 살펴보면 절도가 49.5%로 가장 많고, 폭력이 24.5%로 이 두 범죄가 2/3에 해당하는 것을 알 수 있다. 절도나 폭력이 경찰에 접수되었을 정도이면 단순한 사건은 아니라고 보이지만 늘어난 숫자에 비해서 범죄의 폭력성이나 심각성이 높지 않다고 판단할 수 있다.

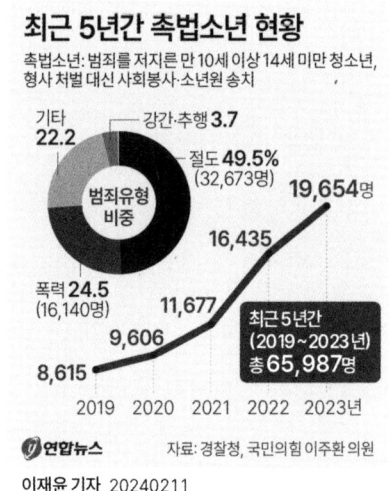

최근 5년간 촉법소년 현황[16]

대중문화 속의 소년범, 그리고 정치적 손익계산?

통계상으로 촉법소년 범죄가 증가하고 언론을 통해 이들 범죄에 대한 대중들의 관심이 높아지면서, 영화나 드라마와 같은 다양한 매체에서 소년범죄 중에서 특히 촉법소년 범죄를 주제로 다루는 경향도 늘어나고 있다. 대부분의 드라마나 영화 들에서 촉법소년 문제는 범죄의 흉악성이나 잔인성 등 범죄자의 측면에서 호기심을 유발하기 위한 소재로 이 문제가 다루어졌다. 그런 가운데, 2022년 넷플릭스에서 공개된 '소년심판'이라는 드라마는 소년범죄를 법정 중심으로 다루면서 인기를 끌게 되었다. 이 드라마에서는 인기배우인 김혜수 배우가 '소년범을 혐오'하는 소년형사합의부 우배석 판사 심은석으로, 김무열 배우가 '소년범에게 우호'적인 좌배석 판사인 차태주 판사로 등장한다. 극중 차태주 판사는 자신이 과거 소년범이었다가 갱생한 인물로 설정이 되면서 이 드라마에서 소년범을 바라보는 시각을 대변한다. 이 드라마는 당시 화제가 되었던 실제 사건들이 에피소드로 등장하는데 흥미위주의 잔인한 사건뿐만 아니라 소년범죄 사건들을 다양한 시각에서 조명할 수 있는 사건들이 등장하며, 소년범죄에 대한 시각도 비교적 균형 잡힌 측면을 보여줘서 호평을 받았다. 이 드라마는 미국 TIME, 영국 NME, 우리나라의 씨네 21이 선정한 2022년 10대 드라마에 선정되기도 했다.

하지만 대중문화에서 소년범의 문제가 주목을 받기 시작한다는 것이 소년범죄에 대한 올바른 대중적 의견을 도출하는 것은 아니다. 소년범 문제, 더 구체적으로는 '촉법소년' 문제가 대중의 관심사가 되면서 대선에서도 주요 쟁점으로 등장한다. 2022년 5월 대선에서 당선된 윤석열 대통령은 후보 공약으로 '촉법소년 연령 하향'을 내세웠고, 당선 후 법무부는 공약을 지키기 위해 TF팀을 조직한다. 대선 공약으로 '촉법소년 연령 하향' 공약을 내세운 것은 당시 윤석열 후보뿐만 아니라 이재명, 안철수 후보도 마찬가지였다. 같은 해 10월 26일 법무부는 기획조정실, 검찰국, 범죄예방정책국, 인권국, 교정본부가 참여하는 TF 팀을 통해 형사미성년자 연령을 현행 14세에서 13세로 하향하는 방안을 발표한다. 하지만 3년이 지난 2025년 현재 이 방안은 처리되지 않고 유보상태에 있다.

촉법소년 범죄는 과연 늘고 있을까? 통계의 분석

2022년 10월 26일에 법무부가 발표한 '소년범죄 종합대책 마련'이라는 보고서는 7개분야에 대한 종합대책 방안을 담고 있다. 그 중 6개 항목이 제도적 측면에서 소년범죄를 예방하기 위한 방안이며 한 개 분야가 현행 촉법소년 연령 상한을 14세에서 13세로 하향한다는 방안이다.[17] 그럼에도 불구하고 언론의 관심은 촉법소년 연령 하향에만 집중되었고, 이 안은 현재 보류중인 상태에서 장관과 정권이 바뀌면서 이 문제에 대한 현실적인 개선도 요원한 상황이 되었다.

먼저 법무부에서 형사미성년자 연령 하향의 근거로 제시했던 통계자료를 보자. 아래의 자료는 당시 법무부에서 발표한 보도자료에 나와 있는 부분을 그대로 옮겼다. 법무부는 먼저 촉법소년 범죄가 증가하고 있다는 점, 그리고 살인, 성폭력등 강력범죄도 매년 지속적으로 발생하고 있다는 점, 소년범죄가 흉포화 하고 있다는 점을 통계자료를 바탕으로 주장하고 있다.

• 전체 소년인구가 감소 추세에 있음에도 촉법소년 범죄는 매년 증가 추세('17년 7,897건⇨ '21년 12,502건)

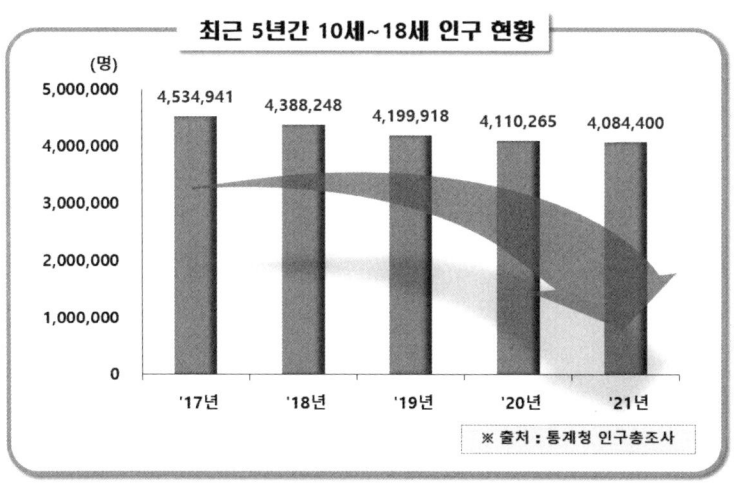

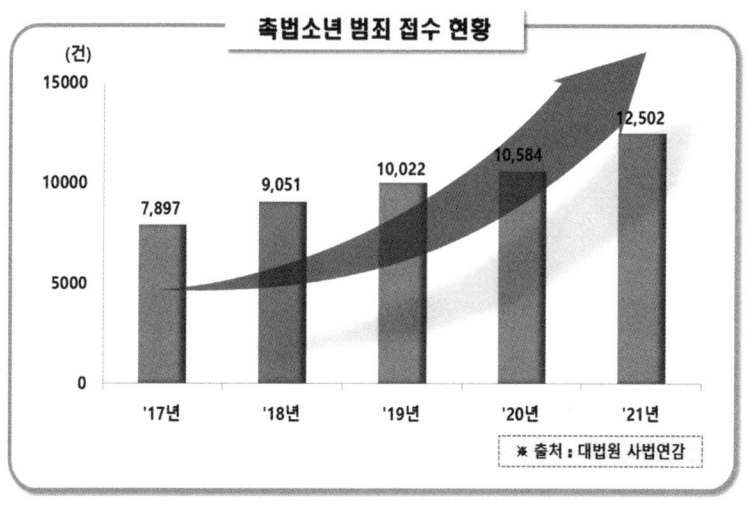

　　법무부 보도자료를 보면 2017년에서 2021년까지 5년동안 출생률은 줄고 있지만 촉법소년 범죄 접수 현황은 오히려 늘고 있음을 확인할 수 있다. 촉법소년 범죄접수 현황 자체만으로도 증가폭이 보이는데, 출생률 감소까지 고려한다면 그 증가세가 더욱 확대됨을 알 수 있다.

　　이러한 법무부의 발표에 대해 반대하는 입장에서는 소년범죄에 대한 통계와 현황에 대한 파악이 정확하게 진행되지 않았다는 점에서 문제를 제기한다. 만약 이러한 개정안이 통과된다면 소년범죄가 줄어들기보다는 오히려 소년전과자가 양산될 것이라는 것이다. 먼저 국회입법조사처는 <소년사법제도 개선에 관한 기존 논의와 새로운 방

향>이라는 글에서 "소년범죄의 흉포화, 저연령화 및 증가에 대한 증거나 반증을 찾기 어렵다"라고 지적하면서 "증거기반 형사정책Evidence-based Policies에 입각한 분석과 통계 작성이 필요하다"고 제언한다.

국가인권위원회도 촉법소년 연령 기준을 낮추자는 법무부 의견에 인권위원 10명 중 8명이 반대의견을 표명하면서, "소년에 대한 형사처벌이 범죄율을 낮춘다는 객관적인 근거가 없으며, 국가가 과도하게 개인의 자유를 억압할 수 있다"고 지적한다. 그리고 "재범율을 낮추기 위해서는 감금식의 처벌보다는 부족한 교화 시스템을 개선하고, 아동 학대 등 청소년들이 처한 환경을 개선해야 한다"는 의견도 제시했다. 특히 과거와 달리 아동의 정서 및 신체 성장 속도가 빨라졌다는 점을 예로 들며 촉법소년 상한 연령을 하향해야 한다는 법무부의 주장에 대해서는 아동의 상호 변별 및 행동 통제 능력이 높아졌다는 점을 입증할 객관적 자료가 없다며 반박한다. 소년범죄 예방을 위해 필요한 것은 엄벌보다는 교정과 교화라는 것이 인권위의 입장이다.

촉법소년 범죄는 흉포화되고 있는가?

촉법소년 범죄율 증가가 통계적으로 확인할 수 있는 부분이라면 다음으로는 촉법소년 범죄가 과연 흉포화되고 있는가도 통계에서 확인할 수 있을까? 2014년에서 20년 사이 살인죄나 살인 미수죄를 범한 촉법소년은 10명으로 집계되고 있다. 하지만 이 자료는 범죄통계가 특별히 증가하고 있음을 보이지는 않는다. 물론 살인이나 성범죄와 같은 중대범죄가 촉법소년에 의해 저질러졌고, 이들이 촉법소년이기에 형사처벌되지 않는다는 점을 고려한다면 매우 놀라운 숫자이다. 그렇다면 강간이나 추행과 같은 성범죄의 경우는 어떨까? 이 경우 비슷한 수치에서 증감을 반복하는 것 같지만, 실제 출생률이 줄고 있음을 감안한다면 늘고 있다는 것을 알 수 있다.

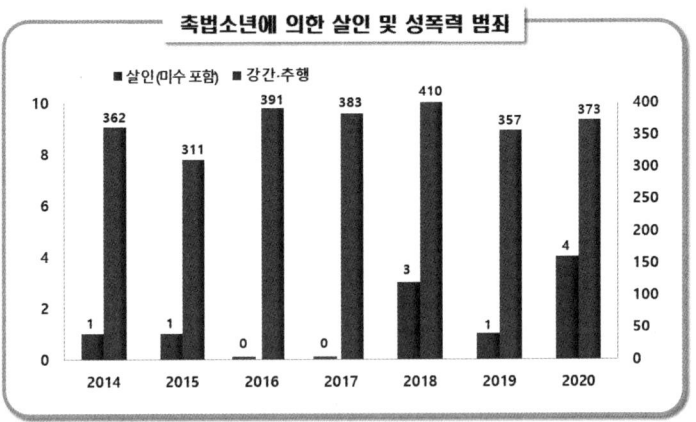

> **촉법소년에 의한 강력범죄 사례**
>
> ▶ **촉법소년 모친 살해 사건**
> - '21. 8. 13세 소년이 모친으로부터 꾸지람을 들었다는 이유로 칼로 모친을 찔러 살해
>
> ▶ **초등학생 성폭력 등 사건**
> - '22년 초등학생 2명(12세)이 초등학생 2명(9세)에게 유사 성행위, 구강성교를 강요한 후 부모님 등에게 알리지 못하도록 협박, 폭행

법무부는 소년범죄의 흉포화에 대해서도 아래와 같은 통계를 제시한다.

• 소년 강력범죄의 비율이 최근 15년간 지속적으로 증가 추세이고, 최근 10년간 14~18세의 범죄소년에 의한 강력범죄가 매년 약 2,500~3,700건 발생(소년 마약사범도 '17년 68명 ⇨ '21년 271명으로 급증)

• 소년범죄 중 강력범죄의 비율은 '05년 평균 2.3% 수준이었으나 최근 4.86%에 이르렀고, 특히 소년 강력범죄 중 성범죄 비율이 '00년 36.3% ⇨ '20년 86.2%로 급증

법무부는 소년범죄의 흉포화에 대한 자료로 대검찰청 범죄분석자료와 경찰청 통계를 제시하고 있는데, 비슷한 연도임에도 불구하고 대검찰청 자료는 강력범죄와 강력범죄 중 성범죄 비율이 꾸준히 증가하고 있음을 알 수 있지만 경찰청 통계에서는 증감 없이 비슷한 수치를 보여주고 있다는 점을 알 수 있다. 그렇다면 비슷한 시기에 왜 이렇게 기관에 따라 차이가 나는지에 대한 분석이 필요할 것이다.

경찰과 검찰의 소년범죄에 대한 기록은 다르다?

촉법소년 연령 하향에 반대하는 측에서는 2022년 당시 발표되었던 법무부 보도자료에 대해 통계분석의 문제점을 지적하고 있다. 원혜욱 교수는 이에 대해 검찰청 자료는 법원에 접수된 사건을 기준으로 작성된 자료라는 점을 강조한다.[18] 촉법소년 범죄의 현황을 파악하기 위해서는 경찰, 검찰, 법원의 다양한 통계를 통해 실제로 촉법소년 범죄가 증가하고 있는 것인지 확인해야 한다는 것이다. 그런 기준에서 볼 때 경찰청 통계가 특별한 증감없이 나타나고 있는 점이 중요하다고 한다. 경찰청 통계에서 2012년 이후 감소하다가 2017년부터 다시 증가하고 2020년에 감소하고 있는 부분의 이유에 대한 분석이 필요하다는 것이다. 우선 2020년에 코로나 팬데믹이 시작하면서 아이들이 학교에 가지 않았다는 점은 범죄율 감소의 이유로 제시될 수 있다. 그리고 2012년 이후 감소의 이유로 2012년부터 시작된 경찰의 '학교폭력 예방 및 근절 활동'을 들고 있다. 그렇다면 소년범죄 감소를 위한 경찰의 활동이 효과가 있었음을 확인할 수 있다. 하지만 원혜욱 교수의 설명 대로라면 소년범죄는 2012년에 낮아진 후 증가하지 않았어야 한다. 따라서 일부 요인은 될 수 있지만 전체를 설명하지 못한다는 점에서는 역시 한계가 있다. 또한 법무부 설명처럼 출생률이 줄고 있다는 점을 고려하면 촉법소년 범죄가 증가하지 않았다고 볼 수 없다. 원혜욱의 분석은 출생률을 고려하지 않고 반박하고 있다는 점에서 문제가 있다.

다시 법무부에서 촉법소년 연령 하향이유로 제시한 통계자료를 보자. 법무부는 촉법소년 범죄 흉폭화의 증거로 두 가지 통계를 제시하는데, 첫 번째는 성폭력이나 강간범죄가 증가하고 있다는 것이고 두 번째는 그 중에서도 성폭력 범죄와 아청법 위반 범죄가 대법원 자료에서 보듯이 접수 건수가 확연하게 증가하고 있음을 확인할 수 있다.

•흉악범죄 소년수형자도 증가 추세('18년 66명 ⇨ '21년 94명)에 있고, 특히 '21년 소년보호사건 중 성폭법위반 건수는 전년 대비 31.3% 증가('20

년 1,376건 ⇨ '21년 1,807건)

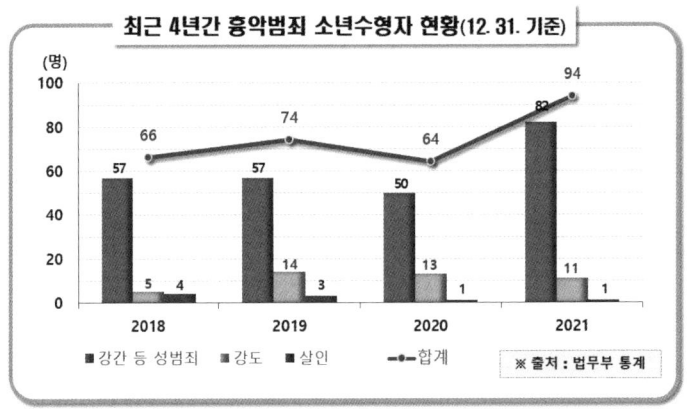

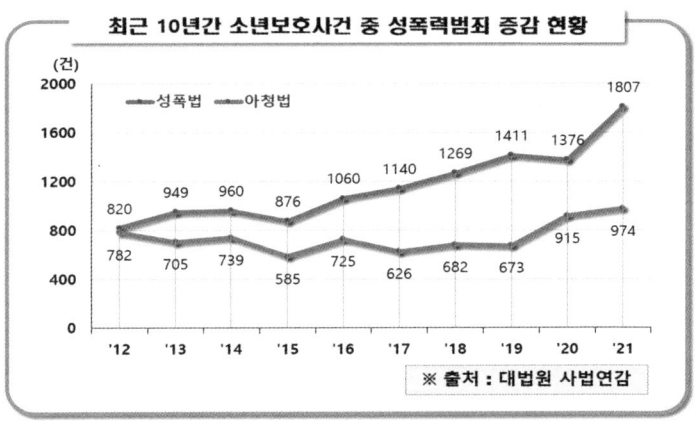

하지만 이 자료에 대해서도 원혜욱 교수는 경찰청 자료를 제시하며

반박하고 있다.

경찰청의 촉법소년 소년부 송치현황[19]

구분	계	살인	강도	강간 추행범	방화	절도	폭력	기타
2012	13,059	0	28	308	96	5,566	2,679	4,382
2013	9,928	0	23	330	60	5,249	1,714	2,552
2014	7,837	1	15	362	60	4,427	1,835	1,137
2015	6,551	1	5	311	50	3,759	1,399	1,142
2016	6,576	0	6	391	37	3,665	1,335	1,142
2017	7,533	0	8	383	56	4,073	1,766	1,247
2018	7,364	3	7	410	30	3,801	1,763	1,350
2019	8,615	1	7	357	32	4,536	2,148	1,534
2020	9,606	4	14	373	49	5,123	1,972	2,071
2021	11,677	2	11	398	68	5,733	2,750	2,715

위의 경찰청 자료에 의하면 경찰의 '학교폭력 예방운동'이 시작된 2012년부터는 이 정책이 효과를 발휘한 것으로 보인다. 2012년의 1만 3천여 건이 꾸준히 줄어서 2016년에는 절반이상 줄어든 6천 5백여 건이 된 것이다. 하지만 2015, 2016년을 기점으로 이 숫자는 다시 증가하고 있고, 2021년에는 2012년 이전으로 다시 회귀하고 있는 것을 알 수 있다. 원혜욱 교수는 경찰청 자료로 법무부 자료를 반박하고 있지만 왜 촉법소년 범죄율이 2012년부터 줄어들다가 4년후 다시 늘어나고 있는지가 문제이지, 10년동안 늘지 않았다가 문제는 아닌 것이다. 이 부분을 우리가 분석할 필요가 있다.

법무부 장관은
통계를 왜곡하여 거짓말을 하고 있을까?

원혜욱 교수는 이 자료에서 주목할 점은 특히 2021년 통계에서 절도와 폭력의 비중이 전체 촉법소년 범죄의 72% 이상이라며 법무부가 발표한 촉법소년 범죄 흉포화 주장이 촉법소년 연령 하향의 근거가 될 수 없다고 반박한다. 물론 전체 범죄의 비율에서는 일부에 불과한 것은 맞지만 살인이나 강도 범죄가 꾸준히 늘고 있고, 더군다나 그것이 촉법소년 범죄라는 점에서 이것이 일부 비율에 불과하니 문제가 되지 않는다고 주장할 수 있는지는 동의하기 어렵다. 원혜욱 교수는 촉법소년 범죄 흉포화에 대한 반론의 근거로 전체 강력범죄에서 소년범죄가 차지하는 비율 또한 근거로 제시한다.

소년 강력범죄(흉악) 인원 및 소년비 현황 (2011년~2020년)[20]

연도	소년 강력범죄(흉악)			성인 강력범죄(흉악)	
	인원	범죄 발생비	소년비	인원	범죄 발생비
2011	4,049	67.2	13.8	25,333	62.2
2012	3,609	61.9	12.5	25,286	61.2
2013	3,489	62.1	10.3	30,291	72.4
2014	3,158	58.6	9.3	30,968	72.9

2015	2,713	53.9	8.5	29,062	69.4
2016	3,343	68.1	10.1	29,889	68.6
2017	3,463	74.2	9.5	32,827	76.9
2018	3,509	131.9	9.7	32,501	75.6
2019	3,665	149.2	9.9	33,261	76.7
2020	3,134	133.5	9.0	31,733	72.7

위의 통계는 촉법소년 범죄통계가 아니라 전체 소년범죄가 성인범죄와 비교하여 흉악범죄에서 어떻게 변화했는지를 보여주는 통계이다. 이 통계표를 분석해보면, 소년 강력범죄 인원은 2011년 4,049명에서 2015년 2,713명으로 크게 감소했다가 그 이후 다시 증가하는 추세를 보이고 있다. 특히 소년 강력범죄 발생비는 2018년부터 급격히 증가하여 2019년 149.2로 최고치를 기록한다. 반면 성인 강력범죄는 전반적으로 3만 명 내외를 유지하며 비교적 안정적인 수준을 보이고 있다. 흥미로운 점은 전체 강력범죄 중 소년범죄가 차지하는 비율인 소년비가 지속적으로 감소하는 추세를 보여, 2011년 13.8%에서 2020년 9.0%로 낮아졌다는 것이다. 특히 법무부 자료에서 소년범죄의 흉포화에 대해 "최근 10년간 14~18세의 범죄소년에 의한 강력범죄가 매년 약 2,500~3,700건 발생한다"는 주장은 촉법소년이 아닌 14세 이상 소년범죄의 흉포화에 대한 근거로서, 촉법소년 연령 하향을 위한 근거로 볼 수 없다는 것이다. 원혜욱 교수의 분석에 의하면 법무부는 전체 소년범죄의 흉포화로 촉법소년 범죄 흉포화의 자료를 대신하고 있을 뿐

만 아니라 전체 소년범죄도 성인범죄 대비 감소하고 있는 사실을 확인하지 않고 있다는 것이다. 이러한 주장에 동의한다면 현행의 제도를 굳이 바꿈으로써 얻는 이득이 무엇인가를 묻는 반대측의 주장이 설득력을 가진다.

소년범은 법원에서 1호에서 10호까지의 보호처분을 받는다. 아래의 통계를 보면 10~13세가 전체의 11~15%를 차지하고 있고, 2019-2021년의 수치는 증감을 거듭하고 있음을 확인할 수 있다. 물론 14세 이상 소년은 보호처분뿐만 아니라 형사처벌도 부과되기 때문에 보호처분 비율만을 근거로 전체 범죄에서 촉법소년이 차지하는 비율을 정확하게 알기 어렵다.

보호소년 연령별 누년비교표[21](단위: 명(%))

	합계	14세 미만	16세 미만	18세 미만	19세 미만
2012	36,150(100)	5,071(14.0)	11,970(33.1)	14,613(40.4)	4,496(12.5)
2013	31,952(100)	4,334(13.6)	9,241(28.9)	13,434(42.0)	4,943(15.5)
2014	24,529(100)	2,894(11.8)	7,085(28.9)	10.013(40.8)	4,537(18.5)
2015	25,911(100)	3,016(11.6)	7,166(27.7)	10,925(42.2)	4,804(18.5)
2016	23,526(100)	2,858(12.2)	6,054(25.7)	10,434(44.3)	4,180(17.8)
2017	24,383(100)	3,365(13.8)	6,086(25.0)	10,467(42.9)	4,465(18.3)
2018	24,494(100)	3,483(14.2)	7,043(28.8)	9,701(39.6)	4,267(17.4)
2019	24,131(100)	3,827(15.9)	7,393(30.6)	8,917(37.0)	3,994(16.5)
2020	25,579(100)	3,465(13.6)	8.088(31.6)	9,852(38.5)	4,174(16.3)
2021	22,144(100)	4,142(18.7)	6,804(30.7)	7,849(35.5)	3,349(15.1)

위의 표에서 보면 2020년보다 2021년에 보호처분을 받은 14세 미

만의 촉법소년들이 약 5% 증가한 것을 알 수 있다. 숫자로는 700명에 가까운 수이다. 하지만 보호소년의 총 숫자는 2020년보다 2021년이 오히려 줄어들었음을 확인할 수 있다. 그렇다면 전체 보호소년의 증감분에서 촉법소년이 차지하는 비율이 상대적으로 높다는 것을 알 수 있다. 이 숫자를 비율로 보면 전체 보호소년 중에서 촉법소년이 차지하는 비율이 18.7%로 매우 높다는 것을 알 수 있다. 오히려 19세 미만이 가장 낮은 비율을 보인다. 그러나 2021년의 수치는 증가했지만 2012년과 비교하면 숫자가 확연하게 감소한 사실을 알 수 있다. 그렇다면 2012년부터 보호소년의 숫자가 줄어든 이유에 대한 확인이 필요하다. 2012년에 소년범죄에 관한 어떤 변화가 있었을까?

2012년에는 왜 청소년 범죄가 감소했을까?

2012년은 이명박 정부의 마지막 해로 당시 이명박 대통령은 학교폭력 문제를 해결하기 위해 '학교전담경찰관'제도를 도입하였고, 학교폭력 예방활동을 적극 전개하는 등 학교폭력을 근절하기 위해 노력했다. 그 결과 2012년과 2019년을 비교하면 학교폭력 피해 경험률은 83% 감소하였고, 학교폭력 가해자 인원도 44%로 감소하는 등의 효과를 본 것으로 나온다. 특히 2014년 박근혜 정부부터는 '청소년 경찰학교"

프로그램을 도입하여, 이전의 단순 전달식 예방교육과 달리, 체험중심의 교육프로그램을 운영함으로써 청소년들이 학교폭력에 능동적으로 대처할 수 있도록 교육하고 있다. 2014년 19개소로 시작한 '청소년 경찰학교'는 2021년 전국에서 55개소가 운영되고 있는 것으로 확인된다.[22] 소년범죄의 예방이 중요하다면 이명박 정부와 같은 현실적이며 효과적인 대책이 어떻게 실제 현장에서 효과를 가져왔는지에 대한 더 세밀한 분석이 필요할 것이다. 하지만 아쉽게도 소년범죄, 그리고 촉법소년 연령 하향이라는 대중들과 언론, 그리고 정치권의 관심은 그들이 관련된 사건의 선정성과 정치적 이용여부에 있을 뿐이지 해결을 위한 논의로 연결되지 않는다는 점에서 우리사회의 한계를 보는 하나의 예가 되고 있다.

촉법소년 연령하향 문제에서 13세로 인하하는 문제에 대한 연령별 세분화의 분석을 보자. 보호소년을 연령별로 세분화해서 분류한 아래의 표를 보면 2014년에서 2021년까지 14세 이상의 연령대에서는 보호소년 숫자가 큰 변화를 보이지 않는 것을 알 수 있다. 하지만 13세 이하에서는 꾸준히 증가하고 있음을 알 수 있는데, 법무부의 개정안대로 13세로 낮춘다면 형사처벌을 받는 소년의 숫자는 늘어날 것으로 보인다. 하지만 그러한 처벌의 증가가 범죄율 감소로 이어질 것이라고 주장하려면 더 설득력 있는 증거가 필요할 것이다.

보호소년 연령별 현황(처분시)[23]

	10세	11세	12세	13세	14세	15세	16세	18세	17세
2014	48	125	528	2,193	3,318	3,767	4,992	5,021	4,536
2015	57	213	550	2,196	3,012	4,154	5,386	5,539	4,802
2016	74	247	640	1,897	2,469	3,585	5,288	5,146	4,170
2017	154	271	748	2,192	2,389	3,697	5,026	5,441	3,671
2018	95	230	694	2,464	3,199	3,844	4,612	5,089	4,267
2019	71	205	667	2,884	3,483	3,910	4,503	4,414	3,994
2020	66	239	711	2,449	3,790	4,298	5,088	4,764	4,174
2021	108	290	749	2,995	3,344	3,460	3,883	3,966	3,349

대검찰청과 경찰청이 발표한 통계에 따르면, 청소년 범죄 전체 건수는 오히려 감소 추세를 보이고 있다. 특히 2020년부터 2023년 사이, 코로나19의 영향으로 학생들이 학교에 등교하지 않으면서 청소년의 범죄 발생률은 다소 줄어든 경향을 보였다. 이러한 결과는 소년범죄는 학교 안에서 발생하는 비율이 높고, 학교에서 해결할 필요가 있다는 반증이기도 하다.

그러나 그 안을 들여다보면 상황은 조금 더 복잡하다. 단순 절도나 폭력은 감소했지만, 강력범죄 비율은 오히려 소폭 증가했다. 특히 13세 이하의 소년범이 저지른 흉기 사용 폭력, 성범죄, 방화 등 강력범죄의 비중은 상대적으로 눈에 띄게 늘고 있다. 이 때문에 전체 수치는 감소해도, '범죄의 질'이 악화되었다는 주장이 설득력을 얻고 있다.

통계는 진리가 아니다?
해석에 따라 달라질 수 있다?

촉법소년 연령 하향에 반대하는 입장이나 찬성하는 입장의 주장은 일면 동의할 수 있는 부분이 있다. 하지만 법률전문가들이 동원되었음에도 불구하고 연령하향이 촉법소년 범죄 발생을 진정으로 줄일 수 있을 것인가에 대해서는 논란이상의 제안이 없다는 점이 문제이다. 통계를 어떻게 해석할 것인가는 이 문제를 바라보는 일면일 뿐이다. 중요한 것은 문제의 해결이지 통계의 해석이 아닌 것이다. 촉법소년 문제에서 약간의 통계의 해석의 차이가 있다고 해도 찬성이나 반대 입장의 어느 쪽에도 동의하기 어렵다. 오히려 전문가들의 이런 논리전개는 각각의 정치적, 혹은 진영논리의 한계에 갇혀 실상을 바라보지 못하는 것이 아닌가 하는 의문이 깊어지게 할 뿐이다. 여기에 언론의 선정성과 대중의 얕은 호기심까지 더해진다면 문제의 해결보다는 이슈의 소비 이상의 어떤 진전도 기대하기 어렵다.

👉 생각해 볼 거리

우리는 청소년 범죄를 '직접 겪은 것'처럼 받아들이고 있는가?

언론 보도는 현실을 얼마나 정확하게 반영하고 있는가?

강력범죄의 비중은 높아졌지만, 전체 발생률은 줄어든 상황을 어떻게 받아들여야 할까?

✍ 토론 주제:

"청소년 강력범죄는 실제보다 과장되어 보도된다." (찬반)

✍ 논술 주제:

통계와 언론 보도가 여론에 미치는 영향을 구체적 사례와 함께 분석하시오.

촉법소년
우리 아이들

제3장 연령을 낮추자는 주장:

처벌이 필요하다

일본의 촉법소년 사건은 무엇이 문제였나?

　법학자 라트부르흐G. Radbruch는 법을 '항구를 떠난 배'로 비유하며, 법은 제정되면 입법자의 의도를 벗어나 사회를 다양하게 반영하지 못한다며, 따라서 법에 대한 해석학적 유연성이 필요하다고 주장했다. 촉법소년 문제도 이와 같은 관점에서 보면, 법적으로는 조각사유로 인정되어 형사처벌을 면제하고 있지만, 국민적 법감정의 측면에서는 촉법소년이 범죄의 가해자로서 도덕적 윤리성까지 면제되는 것은 아니라는 사회적 분위기가 있다는 점에서 '항구를 떠난 배'와 같다고 볼 수 있다. 최근의 사회적 분위기는 촉법소년 범죄를 미성숙한 개인의 일탈로 치부하고 교화를 통한 해결로만 결론지으려는 입장에 대해 매우 부정적이다. 오히려 지금까지 촉법소년을 정신적·신체적·인격적으로 미성숙한 존재로 보고 이에 대해 관용주의적 배려를 해온 것이 법 개정이나 집행에 걸림돌이 되고 있다고 본다면 현실에 대한 법의 해석학적 유연성은 어떻게 고려되어야 할까.[24]

　이웃한 일본의 사례는 촉법소년 범죄에 대한 사건의 발생이나 사회적 관심이 우리나라보다 시기적으로 일찍 시작되었다는 점에서 참고할 사례가 된다. 일본에서도 촉법소년을 둘러싼 논쟁이 일었던 사건이 있었다. 이른바 14살 살인마 '사카키바라(酒鬼薔薇)'사건이다. 1997년,

일본 고베에서 벌어진 아동 연속살상사건(神戶連続児童殺傷事件)이 그것이다. '사카키바라'는 사건 당시 범인이 가명으로 사용한 이름으로 이 가명 때문에 이 사건이 '사카키바라' 사건으로 알려졌지만, 범인은 당시 만 14세 중학교 3학년 학생이던 아즈마 신이치로(東真一郎))였다. 1997년 5월 고베시 스마구의 한 중학교 정문에서 검은 비닐봉지가 발견되었는데, 그 안에는 절단된 사람의 시신이 들어있었고, 피해자는 당시 초등학교 5학년 학생이었던 11살의 하세 준이었다. 또한 시신의 입 속에서 범인의 살인 경고장이 발견되었는데, 여기에서 범인은 "게임이 시작되었습니다. 우둔한 경찰 제군이여, 나를 한 번 저지해보시게. 나는 살인이 즐거워서 참을 수 없어."라고 적혀 있었다. 일본 경찰은 즉시 수색에 나섰고, 머리가 발견된 위치에서 10분 거리에 있는 탱크산에서 하세 준의 남은 시신을 찾아냈다. 경찰은 수사 중, 당시 고베 인근에서 아동을 대상으로 한 범행이 여러 차례 발생한 사실에 주목했다. 하세 준 사건 3개월 전에는 초등학교 6학년 여학생 2명이 망치로 머리를 가격 당하는 사건이 있었고, 다시 한 달 뒤에는 초등학교 3학년 어린이가 괴한의 칼에 찔려 중태에 빠졌고, 4학년 여학생은 쇠망치에 맞아 끝내 사망했다. 경찰과 언론은 이를 동일범의 소행에 의한 사건으로 보고 '고베아동연속살상사건'으로 명명했다. 초기에는 범행의 잔혹성과 행적을 기반으로 범인을 성인 남성으로 추정했지만, 사건 발생 11일만에 범인이 고베의 한 신문사로 보낸 두 번째 편지가 해결의 열쇠가 된다. 이 편지를 분석한 경찰은 편지의 필체가 범인 아즈마가 작문시간에 작성한 글과 유사함에 주목하고 범인을 체포한다. 충격에 빠진 일본 사회는 아즈마의 프로파일러 분석을 통해 이 사건을 이해하려고 노력했다. 아즈마는 당시 16살 이하는 처벌할 수 없다는 일본의 법규정에 따라 소년원에 수감되어 정신과 치료를 받다가 8년 후인 2005년 1월 22세의 나이로 출소한다. 일본에서는 이 사건을 계기로 2000년에 소년원 송치연령을 12세까지 낮췄고, 엄벌화 정책이 시행되었다.[25] 엄벌화의 효과에 대해서는 전문가에 따라 다른 입장을 보이고 있음을 알 수 있다. 원광대학교 경찰행정학과 점승헌 교수는 효과가 없었다고 보고 있으나, 같은 대학 법학전문대학원 홍태석 교수는 엄벌화의 효과가 있었다는 일본의 자료를 제시하고 있다.[26]

성인이 된 소년범은 반성하고 있을까?

사건이 일어난 지 17년이 지난 2015년 일본 사회는 다시 한번 이 사건을 상기하게 되는데 그것은 32살이 된 범인 아즈마 신이치로가 그해 5월 사건에 관한 기록인 '절가絶歌'라는 책을 출간했기 때문이다. 이 책에서 그는 스스로 범행수법과 범행 후의 일상, 현재의 심경을 기록하고 있다. 이 책은 출간하자마자 초판 10만부가 판매되었고, 곧 증쇄도 결정되었다. 출판사 측은 "체험을 통해 작성되었고, 어떤 심리상태에서 죄를 저질렀는지 알 수 있다. 본인도 피해자에 대해 염치가 없다는 것을 알고 있지만 쓰지 않으면 자신이 살 수 없다고 한다"고 출판배경을 설명했다. 출판사는 소년범죄가 어떤 심경으로 발생하는지 사회적으로 경각심을 불러 일으켜야 한다는 명분도 내세웠다. 하지만 이러한 범죄자에 대한 책의 출간이 범죄자를 영웅시 하거나 모방범죄를 불러일으키는 계기가 된다는 것이 미국의 연쇄살인마들의 사례에서도 충분히 나타나고 있는 것이 현실이다. 당시 피해자였던 하세 준은 범인의 동생의 친구였고, 그래서 범인을 믿고 따라왔던 것이었는데, 참혹한 죽음을 당한 피해자의 가족들은 그 상처를 지우지 못하고 있던 상태에서 이러한 책 출간 소식에 슬픔을 되새겨야 했다. 피해소년의 아버지는 "사건의 잔인한 상황은 유족만 알면 되지 지금 와서 많은 사람에게 전할 필요가 있느냐"면서 "가해자의 표현의 권리를 지키는 것보다 피해자의 인권을 지켜달라" 며 책의 출간을 반대했다. 그는 이러한 책이 출간되는 것에 대한 이야기를 들은 적도 없고, 범인으로부터 양해를 구하는 말을 들은 적도 없다며 분노했다. 출판사 측은 인세수입을 유족 배상에 충당할 것이라며 출간을 철회할 의사가 없음을 밝혀서 더욱 일본사회에 분노를 일으켰다.[27] 과연 범인 아즈마 신이치로나 출판사 측의 주장에서 범인이 반성하고 있는 모습을 확인할 수 있었을까? 반성하고 있다고 하더라도 이러한 범죄자가 영웅시 되는 대중심리가 엄연히 존재하고 있으며, 더군다나 모방범죄도 일어날 수 있는 것이 현실이다. 그런데 범인이나 출판사의 어느 쪽의 말에도 반성보다는 자기위안이나 돈에의 유혹이 더 뚜렷함을 부정할 수 없다.

엄벌화로 가는 일본의 소년법
-2021년의 개정

일본에서는 1997년의 고베 '사카키바라' 사건으로 소년법이 엄벌화로 개정된 이후 3차례의 개정이 더 있었고, 최근 2021년 5월 21일 소년법 등의 일부를 개정하는 법률이 제정되어 동년 5월 28일 법률 제47호로서 개정 소년법이 공포되었다. 이 법의 특징은 '제5장 특정소년의 특례'를 신설하였다는 점이다. 즉 18~19세의 소년을 이른바 '특정소년'이라 하여 이들에 대한 특례규정들을 두어, 이들이 소년법에 의해 보호받지 못하는 것으로 개정하여 엄벌하도록 규정을 개정한 것이다.[28] '사카키바라' 사건 이후 일본 소년법이 엄벌화의 길을 지속적으로 택한 이유는 과거의 소년법으로는 교정, 교화가 실패했고, 소년범죄에 대한 대응 미흡에서 오는 국민적 불안감의 해소가 필요하다는 점이 주된 이유가 된다. 소년범죄는 성인 범죄와 달리 개전改悛의 정情 (반성하는 태도를 뜻하는 법률용어)[29]이 우선되어야 하기 때문에 엄벌화보다는 교정, 교화의 측면이 더 강조되었던 것은 일본도 마찬가지였다. 하지만 72%의 일본 국민들이 '엄벌화가 소년범죄의 재발방지에 효과가 있다'라고 생각한다는 설문조사[30]가 보여주듯이 강력한 형사처벌을 원하는 엄벌화는 여론을 바탕으로 한 것이기도 하다. 일본 법무성의 범죄백서 자료를 분석하면 엄벌화가 시작된 2000년대 초반부터 소년범의 숫자가 감소하고 있다고 한다. 물론 일본 소년 인구의 자연감소도 있지만 전체적인 소년범의 감소도 이루어지고 있는 것으로 보이며, 엄벌화의 효과가 있는 것으로 분석된다. 특히 이번에 개정된 17-19세의 특정소년의 실명 등 보도공개에 대한 설문에서 해당하는 연령대의 소년들도 우호적인 입장을 보이고 있다고 한다.[31]

대선의 정치적 유불리와 여론조사

소년범죄에 대한 대중들의 관심이 높아지면서 정치적 유불리에 대한 민감한 반응도 확인할 수 있다. 우리나라의 경우에도 2021년 대검찰청 검찰통계 시스템의 소년사범의 형사사건 처리현황에서 확인할 수 있듯이 연간 처리 건수가 55,854건에 달하며, 재범률 또한 성인의

2배에 이르고 있다.[32] 2022년 대선에서 이재명 민주당 후보는 구체적인 내용은 제시하지 않았지만, 촉법소년 연령을 내리겠다는 원칙은 밝힌다. 윤석열 국민의힘 후보와 안철수 국민의당 후보는 각각 12살 미만으로 하향하겠다고 공약했다. 심상정 정의당 후보는 처벌 강화가 해법은 아니라며 연령 하향에 반대했다.[33] 2022년 10월 기준으로 여야 모두 형사미성년자 연령을 12세 또는 13세로 하향하는 「소년법」, 「형법」 개정안(각각 7건)을 발의하여 국회 계류 중이라고 법무부 보도자료는 밝히고 있다. 2025년 대선에서는 국민의힘 김문수 후보가 촉법소년의 기준을 14세에서 12세로 낮출 것을 공약했다.[34] 정치적으로 이 문제가 민감한 사안이 되는 이유는 여론의 흐름이 상한연령 하향이 우세하기 때문이다.

법무부 보도자료에서 인용한 여론조사의 경우가 일반적인 여론 조사의 대표적인 수치를 반영하고 있다.

촉법소년
연령 기준
현실화 관련
여론조사

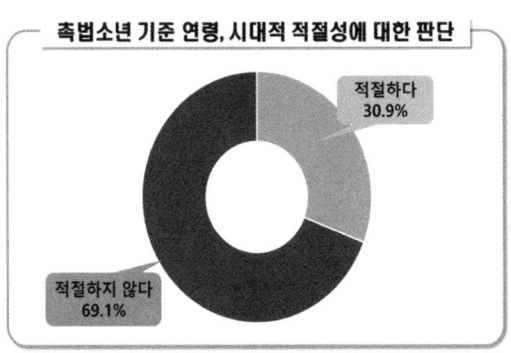

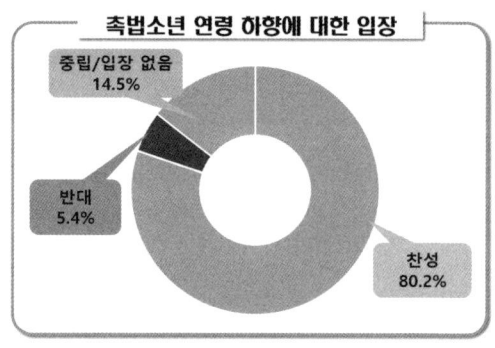

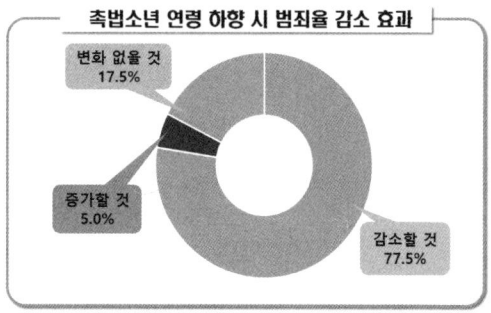

(미디어리얼리서치코리아, '22. 6. 성인남녀 3,506명 대상)

이 여론조사는 시기적 적절성에 70%가 찬성하고, 촉법소년 연령 하향에는 80%가 찬성, 그리고, 연령 하향 시 범죄율 감소에는 77%가 찬성하고 있다. 찬반이 대립한다고 보기에는 압도적인 숫자로 각 사항들에서 찬성여론이 더 많다는 것을 알 수 있다.

여론조사가 아닌 빅데이터로 보면
정확한 대중의 관심사를 확인할 수 있을까?

여론조사가 아닌 빅데이터 분석에 관한 연구도 흥미로운데, 여론조사가 단순 찬반을 수치로 환원하고 있다면, 빅데이터 분석은 이 이슈에 대한 대중의 인식감성을 파악할 수 있다는 점에서 차이가 있다. 최연준 교수는 법무부의 소년범죄 종합대책이 발표된 2022년 10월 26일을 기준으로 네이버 사이트 내 '촉법소년'을 키워드로 하는 기사들에 대한 LDA 토픽 모델링을 진행하여 촉법소년 연령 하향 관련 내용뿐만 아니라 다양한 촉법소년 이슈를 파악했다.[35] 토픽 모델링은 수집하여 정형화되어 있지 않은 텍스트로부터 높은 연관성을 보이는 단어들을 그룹화한 후 해당 그룹의 토픽을 도출하는 빅데이터 기법이다. 그중 LDA 토픽 모델링은 토픽 모델링의 알고리즘 중 가장 많이 활용되는 알고리즘이다. 최연준은 법무부의 발표가 있었던 2022년 10월 26일에 포털사이트 네이버를 대상으로 '촉법소년' 기사에 대한 크롤링을 진행하고 수집된 데이터에 대해 LDA 토픽 모델링을 진행하였다. 이 연구에서 최연준은 2022년 10월 26일부터 2023년 3월 26일까지 6개월간 '촉법소년 연령 하향'을 키워드로 하는 유투브 내 댓글을 감성 분석하였다. 감성 마이닝의 데이터로 온라인 커뮤니케이션 채널을 분석하는 기법은 특정 주제에 대한 여론분석에 많이 활용된다. 감성분석의 결과는 일반 여론조사와 비교해보면, 일반여론조사에 비해 연령 하향에 찬성하는 입장이 92.3%, 중립적인 입장이 0.5%, 부정적 입장이 7.2%라는 점에서 여론조사의 오차범위를 넘어 높게 나온 점이 주목을 요한다고 할 수 있다. LDA 토픽 모델링 결과 추출된 주요 토픽에 대하여 전문가 2인의 검토를 거쳐 도출한 결과를 보면 촉법소년에 대한 다양한 관점에서 대중의 관심이 증가하고 있음이 최근 3년간 기사수가 3배 증가한 수치로 확인할 수 있었다. 일반 여론조사의 데이터도 찬성여론이 압도적이었지만, 빅데이터 분석으로 감성분석을 해보면 80% 찬성이 아닌 92% 찬성으로 압도적 찬성과 함께 관심도는 3배 증가했다는 더 일방적인 결과가 도출된다는 점이 매우 흥미롭다.

1958년에서 2025년까지 13세살은 어떻게 달라졌을까?

법무부의 2022년 소년범죄 종합대책에서 13세로 하향하는 주장의 근거가 되는 것은 세 가지이다. 첫 번째는 신체적 성숙이다. 형법이 제정된 1958년과 비교할 때 시대적 변화의 흐름을 고려해야 한다는 것이다. 교육이나 신체적 성숙의 측면에서 많은 변화가 있었지만 형사 미성년자 연령은 70년간 그대로 유지되었으니 이제 변화를 고려해야 한다는 것이다. 1958년은 통계표가 없으니 비교할 수 없고, 법무부는 1975년의 평균신장 및 몸무게와 2019년의 통계 숫자를 비교한다. 신장은 무려 150.8에서 167.8로, 몸무게는 39.8에서 60.9로 증가했다. 아이라기에는 성인에 근접한 수치인 것이다.

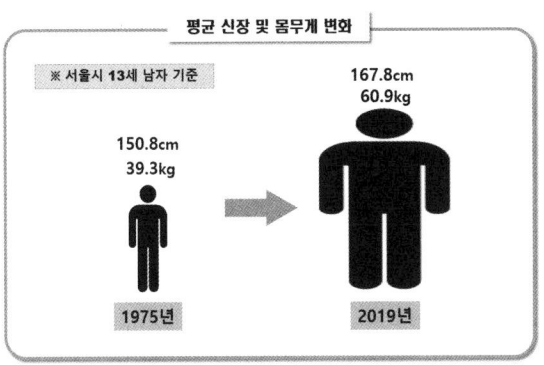

사회 환경의 변화

▶ **성년 연령 하향** (민법 개정)
 - 20세 ➡ 19세 ('11.2.)

▶ **피선거권/선거권 연령 하향** (공직선거법 개정)
 - 피선거권 : 25세 ➡ 18세 ('22.1.)
 - 선 거 권 : 20세 ➡ 19세 ('05.8.) ➡ 18세 ('20.1.)

사회환경도 당시와 비교하면 달라졌다. 민법의 부분에서도 성년연령도 20세에서 19세로 하향되었고, 피선거권과 선거권도 각각 25세와 20세에서 18세로 하향되었다. 오직 촉법소년에 대한 연령제한만 70년이 넘게 그대로인 것이다. 또한 1950년대의 기대수명과 2020년대의 기대수명을 비교하면 1950년대가 54.8세, 2023년이 83.5세로 30년 가까이 차이가 있음을 알 수 있다. 이제 시간의 변화에 따른 법 개정을 검토할 필요가 있다는 것이다.

두 번째는 전체 촉법소년 중에서 13세의 비율이 약 70%에 해당한다는 점이다. 반면 13세와 14세의 비율에는 큰 차이가 없다는 점에서 13세로 낮추는 것이 합리적일 것이라고 본다. 장단기 소년원 송치 보호처분을 받고 소년원에 수용된 소년의 통계를 보면 13세 이상부터 확연하게 증가하고 있음을 알 수 있다.

연령별 9호·10호 소년원생 신수용인원

구분	12세	13세	14세	15세	16세	17세	18세	19세
2019	1	19	76	171	274	304	289	120
2020	3	22	63	141	228	272	255	109
2021	1	11	83	143	222	204	178	70

또 우리나라 학제가 13세를 기준으로 초등학교와 중학교가 구분되고 있는 점도 13세로 연령을 하향하는 이유가 된다.

우리나라 법체계가 역사적인 이유로 일본 법체계와 유사하고, 심지어 '촉법소년'이라는 단어도 일본과 우리나라만 사용할 정도로 유사성을 가지고 있다는 점에서 일본의 촉법소년 관련 법개정의 사례는 우리에게 참고할 만한 부분이 있다. 우리보다 30년 정도 일찍이 1997년의 촉법소년 연쇄살상사건을 시작으로 2021년 개정에 이르기까지 소년법 개정을 진행해온 일본은 이제 10~12세로 촉법소년 연령을 우리보다 낮은 나이로 개정했다. 일본 국민들은 이러한 엄벌화 과정이 촉법소년 범죄를 줄이고, 법의 정의를 실현하는데 효과가 있다고 믿고 있다. 우리 법무부의 2022년 소년범죄 종합대책도 촉법소년 상한연령 하향이 범죄율 감소에 효과가 있을 것이고, 법의 정의를 바라는 국민감정에 부합할 것이라고 본다. 이제 촉법소년 하향연령 하향에 대한 국민들의 관심이 높아지고 있는 지금 그대로 이 시기를 넘겨야 할 것인가? 보다 현실적인 시각이 필요한 이유가 여기에 있다.

👉 토론 주제:

"형사책임 연령은 만 13세로 하향 조정되어야 한다." (찬반)

✍ 논술 주제:

촉법소년의 형사처벌 연령을 낮추는 데 찬성하는 사람들의 논거를 정리하고, 그에 대한 자신의 입장을 서술하시오.

촉법소년
우리 아이들

제4장 반대 의견:

아이는 보호받아야 한다

일본의 촉법소년들은 엄정한 처벌을 받았을까?

촉법소년 상한연령 하향에 찬성하는 입장에서는 이러한 하향이 법의 정의를 실현하고, 범죄율 감소에 효과가 있을 것이라고 주장한다. 그렇다면 반대의견은 어떤 근거를 바탕으로 하고 있을까?

2장에서 언급한 고베 연속살상사건은 피의자가 만 14세여서 형사처벌 대상에서 제외되었다. 범인은 의료소년원에서 정신과 치료만 받은 뒤 2005년 완전히 풀려났다. 그리고 다시 충격적인 사건이 벌어진다. 2003년 나가사키(長崎)현 나가사키시에서 당시 12세였던 소년이 4세 남자아이를 꾀어내 옥상에서 밀어 살해한다. 아동을 발가벗기고, 발로 차고, 칼로 찌르는 등 매우 잔인한 범행 상황이 확인되었다. 충격적인 것은 범인은 범행 후에도 태연하게 학교를 다니는가 하면, 성적도 좋은 모범생이었다는 점이었다. 하지만 역시 어떤 형사처벌도 받지 않았고, 아동 자립지원센터로 보내졌다. 1년 뒤인 2004년 같은 나가사키 시에서 초등학교 6학년 학생이 같은 반 친구를 커터 칼로 살해했다. 이 소년 역시 당시 가정법원에서 최장 2년간 국립 아동자립 지원시설에 보내는 것으로 판결했다. 피해자 가족은 이러한 결과에 심한 충격을 받았다.[36]

다시 2년 뒤인 2006년 6월 1일, 일본 나가사키현 사세보 시에 있는 사라비 오쿠보 초등학교에서 사세보 초등학생 살인사건이 발생한다. 이 학교 6학년 여학생인 미라타이 사토미(御手洗怜美, 당시 11세)양이 피투성이가 된 채 쓰러져 있는 것을 담임교사가 발견해 경찰에 신고했다. 경찰과 구급차가 현장에 도착했을 때 미라타이 양은 출혈과다로 이미 숨져 있었다. 범인은 동급생인 츠지 나츠미(辻菜摘)양으로 밝혀졌고, 인터넷에 미라타이 양이 올린 글에 대해 츠지가 앙심을 품고 살인을 저지른 것으로 밝혀졌다.[37] 츠지는 전날 TV에서 본 드라마에서 커터칼로 사람을 살해하는 장면을 보고 살인을 계획했다고 진술했다. 범인은 언니의 렌탈카드를 사용하여 15세 미만 관람불가 영화로 당시 일본에서 큰 인기를 끌고 있던 '배틀로얄'을 대여점에서 빌려 몇 번이나 보고 관련 동인 소설을 쓰고 있었던 것으로 알려져 큰 충격을 주었다. 범인은 일시 수감되었다가 2년 간의 보호처분을 받았고, 이후 형량이 늘어나 2013년까지 복역을 한 것으로 알려져 있다. 이 사건의 여파로 당시 일본에서 큰 인기를 얻고 있던 영화 '배틀로얄'의 DVD출시가 연기되기도 하였다.[38]

1997년 고베 사건, 2003년 나가사키 사건, 2004년과 2006년 사세보 사건 모두 촉법소년에 의해 벌어진 사건이었고, 사건 내용이 모두 충격적인 사건이었으며, 이들이 모두 아무런 처벌도 받지 않았다는 점에서 일본 사회의 소년법에 대한 여론이 비등했던 사건들이었다. 결국 일본 국회는 형사처벌 가능연령을 만 16세에서 만 14세로 낮추는 소년법 개정안을 통과시켰고, 2007년에는 소년원 송치 대상 연령을 만 14세에서 '대체로 만 12세'로 낮추는 개정안이 통과되었다. 일본 법무성은 '대체로 만 12세'의 폭을 12개월로 보기 때문에 개정된 소년법으로는 만 11세도 중대 범죄의 경우 소년원으로 보내질 수 있다. 일본의 소년법 체계가 한국과 비슷하다는 점에서 참고할 수 있다고 본다.[39]

이 사례들을 보면, 일본에서는 2000년을 기점으로 충격적 사건을 겪으면서 소년범과 특히 촉법소년에 대한 처벌이 강화된 것처럼 보인다. 하지만 이에 대해 좀 더 세밀한 분석이 필요하다. 일단 일본의 법제도는 우리와 유사하게 범죄소년, 촉법소년, 우범소년으로 구분하고 있다. 하지만 우리와 가장 큰 차이는 일본은 '가정재판소 선의주의'를 채택하고 있다는 점이다. 이는 사건이 경미하더라도 소년이 심각한 문제를 가지고 있을 수 있으므로 적절한 조치를 강구하기 위해 이를 과학적으로 조사할 필요가 있고, 전문인력을 갖춘 가정재판소가 그러한 역할을 수행하는 것이 적절하다고 보는 것이다.

위 세 사건의 경우에도 '가정재판소 선의주의'가 적용되었다. 특히 촉법소년에 대해서는 복지적 대응이 우선이라는 관점에서 아동상담소 등의 아동복지기관이 1차적으로 취급하고 가정재판소는 아동상담소로부터 사건을 송치 받은 후에 조사 및 심판할 수 있었다. 2007

년 개정된 일본 소년법은 ① 촉법사건조사에 관한 규정을 정비하고 동시에 ② 14세 미만 소년의 소년원 송치의 승인, ③보호관찰 중인 자에 대한 새로운 조치의 창설, ④ 국선보조인제도의 도입이 이루어졌다.[40] 일본 소년법의 개정에서 우리가 주목할 만한 부분은 기존 촉법소년 사건에 대한 조사에서 아동상담소가 주체가 되었을 때 문제점이 비행사실의 유무와 내용 해명이 목적이 아니었다는 점이었다. 가정재판소의 조사도 사건이 인지된 이후 능동적 증거 수집을 어렵게 하는 요인 중의 하나였다. 하지만 사건 수사에 충분한 전문지식과 경험을 가진 경찰의 관여를 통해 압수수색 등 강제처분을 허용하면서도 체포와 구속 등의 권한을 인정하지 않았다는 점에서 문제가 제기되기도 하였다. 하지만 개정안에서는 촉법소년이 보호자의 동의 없이도 언제라도 변호사인 보조인을 선임할 수 있도록 함으로써 소년의 건전육성을 도모한다는 소년법의 목적을 수사단계에도 적용하고 있음을 알 수 있다. 우리의 소년법에 대한 논의가 아직 진행 중임을 고려할 때, 우리와 비슷한 법체계를 가진 일본의 사례는 중요한 시사점을 내포하고 있다고 볼 수 있다. 일본의 경우는 연령하향도 이루어졌지만 가정재판소 선의주의를 통하여 세밀하게 소년범죄의 문제점에 대한 분석과 해결이 이루어질 수 있도록 법 개정이 되었다는 것을 알 수 있다.

물론 2007년 일본의 소년법 개정안이 형사처벌 가능연령을 '대체로 12세' 넓게는 중대범죄의 경우 11세까지 낮출 수 있다는 점에서 우리의 경우처럼 '촉법소년 상한연령 하향'의 경우와 동일하거나 오히려 더 낮춘 것에 해당한다고 볼 수 있다. 하지만 일본의 개정안에서 중요한 것은 상한연령의 하향보다 선의주의에 관한 부분이다. 일반 성인의 형사범죄와 달리 소년범죄에서 처벌에 집중하기보다 '소년의 건전육성'이라는 소년법의 기본 목적을 수사단계에서 적용함으로써 소년범죄의 원인을 파악하고 제대로 처벌받을 수 있도록 했다는 점이다. 2022년에 발표된 법무부의 '소년법 범죄 종합대책'에서 교화와 교정에 관한 많은 대책에도 불구하고 구체성이 아쉬웠다는 점에서 우리가 참고해 볼만한 개정안이라고 할 수 있다. 일본의 개정안이 18-19세의 범죄소년에 대한 실명 공개를 통해 처벌의 수위를 높인 점, 그리고 11세까지 확대되는 형사처벌 가능 연령의 하향이 엄벌주의와 형사책임에 대한 확대라는 의미가 있다면, 소년범죄의 원인을 분석하고 재발을 방지하며, 피의자의 인권을 보호하겠다는 '가정재판소 선의주의'라는 구체성이 일본의 소년법 개정의 장점이라 할 것이다.

"안부를 물어주세요"
 - 소년 범죄자들이 남긴 말

촉법소년 상한연령 하향에 대한 일반적인 여론은 찬성하는 입장이다. 하지만 다른 견해도 있다. 학술연구는 아니지만 현장 활동가와 변호사의 좌담에 관한 기사는 이 문제에 대한 현장의 시각을 보여주기도 한다.[41] 이 좌담에는 세 사람이 참여하는데, 먼저 강정은 변호사는 사단법인 두루의 변호사이다. 사단법인 두루는 일반법무법인이 아니라 법적 문제를 다루는 사회단체이며, 강정은 변호사는 이 사회단체의 변호사이다. 이윤경 씨는 움직이는 청소년센터 EXIT전센터장이다. 그리고 최유경 씨는 청소년 페미니스트 네트워크 위티 활동가이다. 세 사람 모두 특정한 입장과 세계관을 공유한 사람들이라는 점을 염두에 두고 이 좌담을 들을 필요가 있다. 그럼에도 불구하고 소수의견이지만 '촉법소년 연령하향'문제에 대해 우리가 주목해야 할 시각을 제시하고 있다.

강정은 변호사는 성인과 비교해도 소년사법 쪽에 문제가 있다고 본다. 일단 소년 분류 심사원이 전국에 1개밖에 없는데 분류 심사원도 소년원도 모두 심각한 과밀수용 상태이며, 오히려 성인 수용자에 비해 수용시설이나 권리보장수준이 더 열악하다는 사실이 알려져 있지 않다는 점이 문제라고 본다.

　최유경 활동가나 이윤경 전센터장이 지적한 문제 중에 소년범죄의 원인으로서 빈곤의 문제는 중요한 문제이다. 그들은 소년범죄가 대부분 생활고에 의한 절도라는 점에서 일반 범죄와 대중의 인식이 다르다는 점을 이들은 지적하고 있다. 최유경 활동가는 "80대 노인이 야채를 훔쳤다라는 뉴스에 사회는 빈곤문제를 주목하는데, 청소년 절도범죄는 빈곤이나 경제적 권리의 문제가 아니라 인성의 문제로 본다"는 점을 지적한다. 하지만 경찰로 접수되는 청소년 절도문제가 야채를 훔치는 문제가 아니라 오토바이 절도와 같은 문제라는 점에서 이윤경 씨의 단순 비교는 적절하지 않다. 비교하고 있는 내용에 대한 설명이 필요한 부분이다. 이윤경 전 센터장의 경우 같은 범죄를 저지른 3명의 청소년의 사건에 대해, 2명은 소년원에 가는 10호 보호처분을 받았고, 1명은 재판도 받지 않았다고 얘기한다. 보호자가 없거나 가정에서 돌봄이 이루어지지 않았던 2명과 달리 변호인들이 붙고 가정환경이 좋았던 1명이 같은 범죄를 저질러도 처벌이 달랐던 경우를 보면 성인범죄와 마찬가지로 어려운 형편의 청소년이 더 불리한 처분을 받게 되는 것에 분노하지 않을 수 없다고 한다. 10호 처분은 소년범죄에서 가장 중대범죄에 속하는데 자세한 이야기는 나오지 않았지만 변호인의 조력이 있고 없고가 큰 차이를 가져왔음을 말하고 싶었던 듯하다.

이윤경 활동가는 시설의 문제도 지적하는데, 6호시설의 경우 1년간 청소년 1인당 예산이 100~130만원정도이고, 돌봄 인력은 1인당 청소년 20~35명이라며, 그렇게 많은 인원을 24시간 돌볼 수는 없다고 하소연한다. 충분한 예산이 투입되고 돌봄과 필요한 조치를 제공해야 교화도 가능할 수 있다는 것이다. 보호관찰관도 현행 1인당 110명을 담당하고 있는데, 만약 형사처벌 연령을 낮추고, 구금기간을 늘리면 상태는 더욱 악화될 것이라고 한다. 법이나 대중의 호기심 밖에 현실적 이야기들이 있다는 점에서 우리가 귀 기울여야 할 부분이 많았다.

최유경 활동가는 소년범죄에서 우리가 정작 들여다봐야 할 부분을 감성적으로 호소한다. "보호종료 아동 이야기를 하다가 보호종료 이후에 우리가 어떤 돌봄을 기대하거나 필요로 할까 했더니, 제도적으로 어떻게 가능할지는 모르겠지만 '안부를 물어주는 사람이 필요할 것 같다'라는 이야기가 나왔다. 주거적으로 경제적으로도 안정되고, 나한테 자원이 있고, 관계가 있을 때 삶이 안정될 수 있다." 소년범죄자들도 아이이고 그들에게 절실한 것은 돌봄이라는 것을 호소하는 말이 아닐까 싶다. 최유경 씨는 현장에서 직접 소년들과 생활했던 경험을 가진 활동가이다. 그런 입장에서 인간으로서 아이들에게 친밀감을 가졌을 수 있다. 하지만 어떤 범죄자도 인간이기에 인간적인 면모를 가질 수 있다. 연쇄 살인범 강호순은 범죄자의 얼굴을 공개한다는 결정이 내려지자

"내 아들은 어떻게 하라고"라면서 탄식했다고 한다. 역시 연쇄살인범 유영철도 자신이 붙잡히자 아들 걱정을 했다고 한다. 잔인한 범죄자들도 가족에게는 따뜻한 아버지이고 싶었던 것이다. 하지만 그들이 피해자에게도 그렇게 인간적이었다면 범죄는 일어나지 않았을 것이다. 같은 질문을 소년범죄자들에게도 묻고 싶다. 자신에 대한 관심을 호소하는 인간적인 면모가 피해자들에게도 보였느냐고? 물론 최유경 활동가에게 "안부를 물어주는 사람이 필요할 것 같다"고 했던 소년은 스스로 피해자에게 충분히 반성했기를 바란다. 하지만 그런 인간적 면모에 대한 감수성적인 접근이 그들의 범죄에 면죄부를 주는 것은 아니라는 점을 우리가 기억해야 한다고 생각한다. 그럼에도 불구하고 촉법소년 범죄는 성인범죄와 비교해서 분명히 개인 본성의 문제보다 환경적·심리적 요인에 의해 촉발되는 경우가 많다.

그렇다면 그런 아이들을 '처벌'하는 것이, 정말 효과적인가?

🏆 처벌보다 회복: 회복적 사법은 효과적일까?

회복적 사법이란 무엇인가? 근대 이전 공동체 구성원이 모여서 비공식적으로 원주민간 갈등을 해결해 온 전통을 북미, 유럽 등에서 1970년대에 들어와 소년문제에 접목한 것이 회복적 사법의 시작이라 한다.

하지만 회복적 사법은 특정 이론은 아니며, 문제해결을 위한 실천방안들을 아우르는 것으로 단일한 개념으로 존재하는 것은 아니다.[42] 유엔마약범죄사무소는 2020년 개정판으로 발간한 '회복적 사법프로그램을 위한 지침서'에서 회복적 사법을 가해자와 피해자 그리고 공동체가 참여해 사법정의를 구현하기 위한 대안들을 제시하는 접근법으로 정의하면서 범죄를 단순한 위법행위가 아니라 피해자와 지역 공동체에 대해 심각한 영향을 미치는 행위로 보았다. 이런 관점에서 본다면 소년범죄의 특징으로서 교정가능성의 범주는 다른 시각에서 해결방법을 찾을 수 있게 된다.

기존의 응보적 사법체계에서 소년범죄에 대해 처벌에 집중되었다면, 회복적 사법체계에서는 자신의 행위가 가져온 책임을 스스로 인식하고 개선하려는 동기를 가지게 할 수 있는 것이다. 응보적 사법 체계 하에서 소년은 자신을 수사하고 처벌할 수 있는 형사사법기관 앞에서만 과오를 뉘우치는 모습을 보이고, 처벌을 받고 나면 자기 책임을 다 했다고 인식하는 경향을 보였다. 하지만 회복적 사법체계 안에서는 공동체의 문제가 남기 때문에 소년은 피해자와 자신이 속한 공동체에 용서를 구할 필요가 있는 것이다. 회복적 사법이 소년범죄에서 보다 효과적인 이유는 여기에 있다. 브레이드웨이트 Braithwaite의 '재통합적 수치심'이론이 여기에 해당되는데, 그는 수치심에는 '재통합적 수치심'과

'낙인적 수치심'이 있다고 구분한다. 기존의 응보적 사법체계에서는 소년이 '낙인적 수치심'을 가지게 되고, 가족이나 지역사회 등의 공동체로부터 외면을 받아 돌아갈 수 없다고 느끼고, 결국 개선의 노력보다 범죄의 하위문화로 이끌게 되는 결과를 가져오는 게 문제였다. 하지만 회복적 사법체계에서 소년은 잘못된 행위에 대해 공동체로 다시 돌아가고 싶다면 스스로의 행동에 대해 반성하고 '재통합적 수치심'이 그 행위를 끌어낼 수 있다고 보는 것이다. 회복적 사법체계는 공동체와 피해자에게 자신의 잘못으로 인한 실질적 조치를 통해 소년이 자신의 책임을 다하게 하는 효과적인 실천방안이 될 수 있다는 것이다.

학교전담경찰관의 회복적 프로그램

이러한 회복적 프로그램 중에 경찰이 중심이 되어 진행되고 있는 프로그램들이 있다. 2007년 서울 13개 경찰서에서 소년사건을 대상으로 '가족화합 프로그램'을 시범운영한 것을 시작으로, 2012년 광주 5개 경찰서에서 유사한 내용의 프로그램이 실시되었고, 2017년에는 강원지역 경찰서에서 '서클' 프로그램을 표방한 대화모임이 진행되기도 하였다. 2019년부터는 수사권 조정이 추진되면서 동시에 대상 사건을 소년사건에서 가정폭력, 아동학대, 절도, 모욕 등의 성인사건으로 확대하고 실시지역도 수도권에서 전국으로 확대하였다. 2019년에 전국 15개 경찰서에서 실시되었던 프로그램은 2020년 142개 경찰서, 2021년 200개 경찰서로 확대된다. 소년사건의 경우 경찰서 여성청소년과가 회복적 대화에 부의할 사건을 선정하고, 민간 전문단체의 주관으로 가해, 피해 소년 및 이해관계인을 포함하여 회복적 대화를 진행하였고, 일부 대화에서는 학교전담경찰관이 진행의 보조적 역할을 담당하기도 하였다.

소년비행과 관련하여 주목할 부분은 '피해자 위치의 재조명', 즉 피해자가 가해자가 되는 경우가 많다는 점이다. 현재 학교전담경찰관의 역할에는 가해소년의 선도 차원의 관리와 피해소년 보호지원이 있다. 하지만 학교전담경찰관이 학교와 정보를 공유하고 가해소년을 주기적으로 면담하고 관리한다고 해서 재범을 막을 수 있는 것은 아니다. 소년범죄의 특징은 피해소년이 소년범 초범으로 유입되고 재범으로 이어진다는 점이다. 이러한 흐름에 놓이는 위기청소년은 학교 밖에도 있으며, 가정 내 폭력이나 방치 등을 통해 보호받지 못하는 위기아동, 그리고 만 18세가 되어 보육원 등 아동보호시설에서 약 500만원의 자립지원금만 수령해서 나가야 하는 보호종료 아동 등 다양하다. 이들에 대한 접근은 여성가족부, 보건복지부, 민간기관과 단체, 그리고 이들이 속한 지역 공동체 구성원 등의 협조를 통해서만 효과적인 접근이 가능하다. 이러한 협력체계 안에서 학교전담경찰관은 지역 공동체에서 회복적 프로그램의 원활한 진행을 돕고, 각 요소들과 협력관계를 유지하며 가해자와 피해자, 공동체 모두의 연계를 가능하게 하는 역할을 할 수 있다.

물론 처벌강화는 유혹적이다. 하지만 환경의 영향을 받고, 교정과 교화의 가능성이 성인 범죄자보다 높다는 소년범의 특징을 고려한다면 회복적 사법의 개념은 재범율을 낮추고, 소년을 공동체로 돌아갈 수 있게 한다는 점에서 촉법소년의 연령하향보다 훨씬 효과적일 수 있다. 하지만 2012년부터 시작된 회복적 사법제도의 하나로서 학교전담경찰관 제도가 몇 년간 효과를 보다가 다시 한계를 보이는 점에 대해서는 분석이 필요하다. 대중의 분노를 달래기 위한 소년범의 처벌보다 촉법소년 문제의 해결을 위한 대안이 우리에게 필요하다.

👉 생각해 볼 거리

우리는 소년범에게 '기회'를 줄 준비가 되어 있는가?

처벌은 범죄를 예방하는 데 얼마나 효과적인가?

회복적 사법은 한국 사회에 적용될 수 있을까?

토론 & 논술 문제

🎤 토론 주제: "청소년 범죄는 처벌보다 회복과 교육이 우선되어야 한다."(찬반)

✍ 논술 주제:

청소년 범죄자에게 형사처벌을 강화하는 것이 사회적 정의에 부합하는지에 대한 당신의 견해를 논리적으로 서술하시오. 회복적 사법의 개념을 포함할 것.

제4장 반대의견; 아이는 보호받아야 한다.

촉법소년
우리 아이들

제5장 법률과 현실의 간극

1912년에 제정된 촉법소년법의 역사

촉법소년에 관련된 법이 제정된 것은 1912년이다. 1912년부터 조선총독부에 의해 시행된 조선 형사령에 따라 일본형법이 우리나라에서도 효력을 가지게 되면서 만 14세를 기준으로 하는 형사미성년자의 연령이 제도화되었다. 이후 1953년 6.25 전쟁 후 대한민국 형법이 제정되어 현재에 이르기까지 형법상 형사미성년자의 나이는 만 14세 미만으로 규정되었다. 다시 1963년 7월에 국가최고재건회의가 소년법을 일부 개정하면서 처음으로 소년법 제4조에 촉법소년을 만 12세 이상 14세 미만으로 규정했으나 구체적인 배경에 대해서는 제안이유와 제안 내용 등이 설명되지 않았다. 이어 2000년대 소년범죄가 저연령화되면서 일련의 사건들이 발생하고 이에 대한 사회적 관심이 집중되면서 2007년 소년법 개정이 추진된다. 이 때 기존의 촉법소년 연령인 12~14세가 10~14세로 하한연령이 하향 조정된다. 2011년에 다시 사회적으로 학교폭력 문제의 심각성이 주목의 대상이 되면서 형사미성년자 연령을 18세로 하향조정하는 형법개정안이 발의되었고, 이와 동시에 소년법상 촉법소년 연령도 만 10세 이상 12세 미만으로 조정하도록 하는 개정안이 제안되었지만 개정으로 이어지지는 못했다. 촉법소년 연령 하향에 대한 논의는 현재도 진행 중이다.[43] 우리는 이러한 소년법 개정에 관한 논의들이 일련의 소년범죄의 발생과 이에 따른 사회적 관심의 확대라는 연계를 통해서 진행되었음을 알 수 있다. 하지만 시대가 변하면서 다시 개정논의가 시작되었고, 우리가 어떤 방향성을 선택할지, 그리고 고려해야 할 사항들은 무엇인지를 돌아보아야 한다. 많은 사람들의 관심에도 불구하고 소년범죄의 감소라는 문제를 해결하지 못하는 이유는 무엇일까? 좋은 법이 좋은 세상을 만들지 못한다면, 그 법 자체나 혹은 적용의 문제를 살펴보아야 하는 것이다. 그럴 때 소년범죄의 현장의 목소리는 바로 현실의 문제를 확인할 때 고려해야 할 중요한 요소가 무엇인지 알려준다.

"우리 사회가, 어른들이,
　아이들 문제를 해결 안하려 하잖아요."

"안돼 안 바꿔줘, 바꿀 생각 없어. 빨리 돌아가" [44]호통판사로 유명한 천종호 판사의 유명한 말이다. 당시 창원가정법원 소년부 부장판사로 근무하고 있던 천종호 판사는 학교폭력으로 기소된 후 선처를 바라는 소년범에게 이렇게 호통쳤다. 2013년 SBS 방송국은 스페셜 프로그램으로 '학교의 눈물'이라는 기획시리즈를 방송한다. 총 3부작으로 1부 '일진과 빵셔틀', 2부 '소나기 학교', 3부 '질풍노도를 넘어'의 순서로

2013년 1월 13일부터 27일까지 방영되었으며, 1부 7.7%, 2부 8.1%로 평균시청률 7.4%로 종영되었고, 당시 화제의 중심에 있었다. 이 프로그램으로 대중에게 호통판사로 각인된 사람이 천종호 판사이다. 그리고 이 프로그램에서 가장 많이 대중들에게 회자되었던 말이 바로 "안돼 안 바꿔줘, 바꿀 생각 없어. 빨리 돌아가"라는 천종호 판사의 말이었다. 학교폭력 가해자였던 피의자들에게 엄벌을 선고하는 단호한 모습이 화제가 되었던 것인데, 사실 이 프로그램의 전반적인 기조는 이 아이들이 이렇게 된 데 대한 부모와 사회의 책임을 묻고 있는 것이었다.

천종호: 너희들 지금 그건데, 일진인데 보니까?

학생 보호자: 일진하고 이런 쪽으로는 전혀 관계가 없는 걸로 보고 있거든요.

천종호: 학교 내에서 집단으로 무리를 이루어 가지고 힘을 과시하면 그게 바로 일진입니다.

학생 보호자: 제가 판단할 때는 절대 그런 쪽으로 빠질 애가 아니거든요.

천종호: 빠질 애가 아니고요. 그 아이들이 그렇게 논다니까요! 일진입니까, 아닙니까?

학생 보호자: 아닙니다.

천종호: 아니에요?

학생 보호자: 예.

천종호: 자기들끼리 무리지으면 일진 아닙니까? 이 아이들은 못 만나게 해야 해요! 그게 바로 일진이에요! 그걸 모르고 계시는데 아이 교육 어떻게 시킬 거예요?[45]

재판 중 폭력학생의 부모들에게 이 아이들의 문제가 무엇인지 알려주고 있는 방송의 장면이다. 아이들의 교육을 책임져야 할 부모들이 자기 아이들이 어떤 상황에 있는지도 모르고, 부모부터 책임을 지려 하지 않고 변명으로 일관하는 모습에서 그 아이들이 어떻게 자라게 될지 알 수 있는 것이었다. "학교가 힘 있는 놈들은 살아남고, 힘 없고 부모 없는 애들은 쫓겨나고... 우리 사회가 부모들이, 어른들이 아이들 문제를 해결 안 하려 하잖아요." 천종호 판사는 학교와 사회, 그리고 부모에게 이 문제의 책임을 묻고 있다.

하지만 당시 시청자들에게 '우리 법정에도 정의가 살아있고, 피해자들을 고려하는 판사가 있구나'라는 안도감을 주게 했던 이 말은 사실 방송에 의해 오도되었던 부분이기도 했다. 방송 8년 후 기자가 만난 천종호 판사는 당시의 이 방송에 대해 이렇게 말한다. "신성한 법정에서 체통 없이 호통친 게" 그리 기분은 좋지 않았다고.[46] 2022년 넷플릭스에서 방송된 <소년심판>이라는 드라마가 화제가 되고, 이 드라마의

주인공인 판사의 캐릭터가 천종호 판사를 연상케 하면서 그는 다시 주목을 받았다. 당시 언론은 천종호 판사가 <소년심판>의 모티브가 되었다고 보도했지만, 천판사는 드라마 제작 자문에 응하기 했지만, 드라마 제작사가 상업적으로 이용하는 것을 거부했다고 밝혔다.

2013년 '학교의 눈물' 방영 이후 2022년 <소년심판>까지 9년 사이에 소년범죄는 준 것으로 보인다는 기자의 질문에 그는 교정 정책 때문이 아닌 저출산 때문이라며 2010년 소년사건 수는 약 10만 건이었는데, 2021년엔 약 6만 건으로 줄었다고 대답한다. 중요한 것은 10년이 지났지만 소년사건 관련 정책은 발전이 없다는 점이라며, 이점이 아쉽다고 밝혔다. 그는 소년교도소와 독립된 소년분류심사원이 전국에 한 개에 불과하며 오히려 소년범 아이들에 대한 혐오만 확산되고 있다고 보았다. 그는 촉법소년 시기를 잘 넘기면 '범죄소년'(14~19세미만)의 강력범죄율을 줄일 수 있다면서 연령 하향과 같은 제도적 변화를 통해 아이들에게 낙인을 찍는 것에 반대했다.

이 인터뷰에서 흥미로운 점은 두 가지였다. 촉법소년 문제의 궁극적 해결책이 범죄 발생 비율을 줄이는 것이라면 그는 그 점에 관해서 두 가지 견해를 제시한다. 하나는 실제로 연령 하향이 법적 악용을 막고 범죄 발생율을 줄일 것인가이고, 다른 하나는 연령하향을 통한 처벌강화가 피해자의 측면에서 진정한 사과로 받아들일 수 있을 것인가이다.

먼저 연령 하향이 범죄발생율을 줄일 것인가에 대해 그는 현행 제기되고 있는 12~13세로 낮추자는 주장에 대해 객관적 기준이 없다며 반대한다. 한 살 내렸는데, 그들이 '촉법소년' 제도를 악용해서 흉악범죄를 저지르면 다시 11세로 낮출 것이냐며 중요한 것은 연령 하향이 아니라며 쟁점이 잘못되어 있다는 입장을 보인다. 상한 연령 14세에 대해서도 역시 생물학적 과학적 근거는 없다며, 연령 문제는 시대나 국가의 현실에 따른 문제로 폭넓은 논의가 필요하다고 주장한다. 그는 연령 하향의 문제는 이 문제의 쟁점이 아니며 중요한 것은 교정이라고 주장한다. 실제로 2008년에 소년법 개정을 통해 하한 연령이 12세에서 10세로 하향되었는데 실제로 그 때 사건이 폭증했다는 점을 지적한다. 즉 12세에서 14세였던 촉법소년 연령이 2008년의 소년법 개정에서 10세에서 14세로 하한연령이 조정되면서 기존에 보호처분조차 받지 않던 범법소년의 연령이 12세에서 10세로 하향 조정된 것이다. 이후 범죄를 저지르던 10~12세의 소년들에 대해 보호처분이 가능해진다. 하지만 보호처분은 가능해졌지만 과연 소년범죄가 줄었느냐고 천종호 판사는 묻고 있다. 형사처벌이나 보호처분 연령을 내리는 것이 능사가 아니라는 것이다. 오히려 우리가 고려해야 할 것은 교정에 관한 문제라는 것이다. 그는 현재 소년범 교도소가 전국에 1개에 불과하며 포화 상태라고 한다. 연령을 하향하고 싶다면 교도소를 늘리고 교정시설도 늘려야 한다는 것이다. 심지어 여자아이들을 위한 교도소는 아예 없는 것도 문제라고 지적한다. 장애인 시설조차 혐오, 기피 시설인데 소년교도소를 늘리는 게 현실적으로 가능하겠는가 되묻는다. 소년범죄 재범율이 성인에 비해 2배 이상인 것은 아이들이 제대로 교정, 교화 받을 제도적 시설이 절대적으로 부족하기 때문이라는 것이다. 현장에서 항상 소년범죄자들을 만나며 이들의 현실을 누구보다 잘 알고 있는 천종호 판사의 건의는 귀 기울여 들을 필요가 있다. 엄벌주의보다 중요한 게 교정이며, 실제로 소년범죄를 줄일 수 있는 방법을 우리가 더 고심해야 한다는 것이다.

피해자는 사과를 받았을까?

두 번째는 피해자의 측면이다. 천판사는 자신의 별명인 '천10호'가 전국 소년부 판사 중에서 가장 무거운 판결을 내려서라며 오히려 그걸로 위에서 지적도 많이 받았고, 경고도 많이 받았었다고 말한다. 방송에서 화제가 되었던 "안돼 안 바꿔줘, 바꿀 생각 없어. 빨리 돌아가"라는 호통판사의 이미지는 실제 현실이었던 셈이다. 그는 촉법소년이 강력범죄를 저질렀을 때 받는 가장 강력한 처벌인 10호 처분이 실제로는 소년원 송치 2년인데 이게 문제라고 지적한다. 일단 범죄 행위에 비해 매우 약한 처벌이며, 피해자의 측면에서도 받아들일 수 없는 측면이 있다는 점을 인정한다. 그러나 우리가 생각해야 할 점은 원칙적으로 피해자의 측면에서 100%의 회복은 없다는 점이다. 한 아이가 범죄로 죽었다면 피해자의 측면에서 100%의 회복은 불가능 한 것이다. 하지만 엄벌에 처한다면 가해자는 이미 벌을 받았다고 생각하고 사과하지 않을 것이라고도 말한다. '진정한' 사과는 가능할까? 그는 화제가 되었던 '부산 여중생 폭행사건'의 사례를 든다. 이 사건의 잔혹성에 놀란 대중들이 '가해자 엄벌'을 요구하고, '소년법 폐지'에 동의했지만, 누구도 이 피해자 아이에게는 관심을 두지 않았다는 점을 지적한다. 결국 이 피해자 아이는 고등학교에 진학하긴 했지만 자퇴할 수밖에 없었다. 이 아이는 누구의 도움도 받지 못했던 것이다. 차라리 피해자의 아픔을 풀어주고 싶다면, 가해자 엄벌보다는 '범죄피해자구조법'이 절실하다고 그는 말한다.

그렇다면 해결책은 없는가? 그는 10호 처분에 소년원 2년 송치가 너무 짧다고 말한다. 일본의 예를 들면서 소년원 송치기간에 제한이 없다는 점이 주목할 만한 부분이라고 말한다. 제대로 교육되었다 싶을 때 임시퇴원 시킨다는 것이다. 그래서 12살에 들어가면 18~19세까지 적어도 6년을 살게 되고, 중간 평가로 교화여부를 판단할 수 있다는 것이다. 우리는 전국에 소년교도소가 1개소뿐이고, 그나마 여자아이를 위한 시설도 없다 보니 성인과 같이 수감된다는 것이다. 일단 대부분이 2년을 다 채우지 못한다고 한다. 길어야 24개월 정도이니 아이들도 선생님을 두려워하지 않고 진정한 평가도 되지 않는다고 한다. 직원 수가 너무 부족하고, 선생님들도 너무 고생하니 현실적으로 제대로 된 교정이라는 것은 기대하기 어렵다는 것이다.

따라서 그가 주장하는 것은 제대로 된 시설과 교정교육시스템을 먼저 갖추는 것이 중요하지 연령하향은 소년범죄의 문제를 해결할 수 있는 해법이 아니라는 점이다.

경찰의 청소년 선도프로그램으로 소년범죄를 줄일 수 있을까?

성인범에 비해 교화 및 개선의 가능성이 높은 것이 소년범의 특성이다. 따라서 엄벌주의 위주의 현행 촉법소년 상한연령 하향에 대한 관심은 실제 현장에서 범죄율을 줄이는데 영향을 미치지 못할 가능성이 높다. 그렇다면 실제 소년범죄율을 줄일 수 있는 현실적인 방법은 어떤 것일까? 학교폭력 문제가 2000년대 이후 꾸준히 관심의 대상이 되면서 여러가지 교정, 선도 프로그램들이 시행되어 왔다. 이러한 프로그램은 경찰, 검찰, 법원, 교정 등 형사사법 절차에 들어가기 이전 단계부터 시행되고 있는데, 특히 이러한 단계의 첫 단추라 할 수 있는 경찰 단계에서 선도프로그램이 적절하게 운영된다면 신속한 피해 회복과 형사사법 절차와 비용을 줄일 수 있는 장점이 있다.

청소년 선도프로그램은 경찰서에서 운영하는 희망동행교실, 전문상담기관과 연계하여 시행하는 사랑의 교실, 신경정신 의학과와 연계하여 시행하는 마음나눔교실 등이 있다.[47] 경찰서에서 운영하는 희망동행교실은 2019년 회복적 사법의 관점에서 재구성되었는데, 과거 선도 프로그램이 소년범에 대한 교육에 주로 초점을 맞추었다는 사실을 고려해 본다면, 회복적 사법 관점을 고려한 희망동행교실은 한 단계 발전된 프로그램이라고 할 수 있다. 특히 중범죄로 넘어가기 전 단계에서 프로그램을 이수함으로써 선도조건부 훈방을 하는 방식은 형사처벌을 대신하는 방법으로 시행되고 있다. 대부분의 프로그램을 학교전담경찰관(SPO; School Police Officer)이 진행하는데, 일부 초빙강사에 의해 진행되는 경우도 있다. 또 당사자 모두가 동의하는 경우에는 피해자 및 피해자 가족과 대면하여 이야기를 듣는 시간도 포함되어 있다.

희망동행교실은 총 4일 간 10차시의 프로그램으로 구성된다. 1일차는 오리엔테이션 및 자기 자신에 대한 이해의 시간, 2일차는 피해자에 대한 이해 및 자신의 행위가 초래한 결과에 대하여 성찰하는 시간

인데, 이 때 피해자 및 피해자 가족과 대면할 수 있다. 3일차는 지역사회가 하나의 공동체로 유기적으로 구성되어 있음을 깨닫고, 그 속에서 자신의 행동 및 역할을 고찰할 수 있도록 하기 위한 공동체 인식 프로그램으로 구성된다. 4일차는 자신의 행위에 대한 책임과 사과 재통합의 의식으로 구성된다. 이러한 과정을 통해 가해자는 자신의 행위로 초래된 피해 및 공동체적 질서를 회복하고, 사회로 재통합될 기회를 부여받게 된다.

희망동행교실의 효과와 개선점에 대하여 담당 경찰관을 대상으로 한 설문조사를 기반으로 한 연구를 보면 이 문제에 대한 효과와 개선 방향을 알 수 있다.[48]

개선점 및 발전방안

주제			부주제	
내용	빈도		내용	빈도
프로그램의 다각화 및 유연화	36		죄종별, 학생특성별로 세분화된 프로그램 필요	13
			어느 정도의 재량을 부여할 필요	11
			프로그램의 다양화(참여형, 활동형 등)	8
			외부기관, 사회안전망강화와 연계	2
			선도보다는 책임을 부각하는 방향으로 개선	1
			초등학생용 가이드라인이 필요	1
운영상 애로사항 개선	21		참여학생 간식제공 등을 위한 예산확보	13
			비대면 상황에 맞는 매뉴얼 제공	3
			부서 간 경찰서간 협업체계 구축	3
			프로그램 수행을 위한 공간 확보	1
			인력보강	1

프로그램의 실효성 확보	9	참석을 의무화하는 방안 마련 필요	3
		결과가 형사절차에 반영되도록 제도 개선	2
		학생들에 대한 효과적인 안내자료 필요	2
		홍보를 강화하여 자발적 참여유도	1
		참여학생 대상 확실한 인센티브 부여	1
운영주체의 전문성 강화	6	수행경찰관에 대한 교육강화	5
		외부전문가 중심의 프로그램 운영	1
평가제도 개선	6	지나치게 높은 성과율 조정	3
		형식적, 시간 채우기식 지침 개선	3

표에서 빈도는 응답횟수이다. 즉 숫자가 많다는 것은 이 답변에 대한 응답자들의 요구가 집중되어 있다는 뜻이다. 가장 빈도가 높은 응답이 프로그램의 다각화 및 유연화이며, 그 중에서 죄종별로, 그리고 학생 특성별로 세분화된 프로그램이 필요하다고 답변하고 있는 것이다. 상대적으로 가장 응답률이 낮은 항목은 평가제도 개선에 관한 항목으로 성과율의 조정이 필요하다는 항목이다.

이 프로그램에서 가장 주목할 부분은 프로그램의 세분화와 다양화이다. 참여 청소년의 죄종이 학교폭력뿐만 아니라, 절도, 성폭력, 사이버 폭력, 성매매, 흡연 및 약물 등으로 다양한데 현행 프로그램은 학교폭력에만 초점이 맞추어져 있다는 문제가 있다. 실제 프로그램을 운영하고 있는 학교전담경찰관들은 참여 청소년 유형에 맞춘 프로그램이 필요하다고 답변한다. 그냥 '착하게 살아라'가 아니라 '어떻게 살아야 되는지', 죄종에 따라 더 세밀하게 프로그램이 진행되어야 한다는 뜻이다. 다음으로는 현행 프로그램이 앉아서 강의를 듣는 형태라는 문제를 지적한다. 학생들이 참여하거나, 활동할 수 있는 프로그램으로 구성되면 좋겠다는 답변도 중요한 점이다. 운영상의 애로사항과 관련해서는 이 프로그램이 대부분 저녁시간에 운영되는데, 예산이 전혀 없어 간식 정도조차 챙겨줄 수 없다는 점을 한계로 지적한다. 그리고 프로그램의 실효성과 관련해서 이 프로그램이 당사자의 동의를 얻어 운영되고 있다는 점을 문제라고 본다. 아이들의 참석을 의무화하고 그 결과가 형사절차에 반영되도록 하는 개선이 필요하다는 답변이 있었다.

좋은 프로그램임에도 불구하고 얼마나 현실성이 떨어지고 있는지를 알 수 있다. 인센티브도 없는 자발적 참여 프로그램에서 어떤 효과를 기대할 수 있겠는가? 이 연구에서 주목할 부분은 실제 이 프로그램이 효과가 있기 위해서는 비행친구와의 단절과 대인관계 기술향상 등의 외부환경 개선이 동반되어야 한다는 점이었다. 교육은 받았지만 결국은 범죄가 일어났던 환경이 개선되지 않는다면 아이 혼자의 힘으로 그런 환경을 극복할 수 없는 것이다. 이 연구에서는 이 부분에서의 한계를 극복하기 위해 멘토링 프로그램의 포함을 제안하고 있다. 10대 청소년에게 가장 중요한 교육적 환경은 유대감의 형성이다. 그런 측면에서 문제가 일어나게 된 환경에서 아이가 벗어날 수 있게 해주어야 실제 문제가 해결될 수 있다는 점을 알 수 있다. 제도의 개선이나 엄벌주의 모두 중요한 부분이다. 그럼에도 불구하고 소년문제의 해결은 너무나 다양한 영역에서 해소해야 할 문제들이 연계되어 있다는 점에 동의하지 않을 수 없다.

> 아이를 처벌하는 문제는
> 숫자가 아니라 얼굴을 보는 일이다.

촉법소년 제도는 법률로 정의되어 있지만, 실제로 이 제도를 운영하는 사람들은 현장의 복잡함을 누구보다 잘 안다. 법조인, 경찰, 보호관찰관, 청소년 상담사 등은 매일같이 촉법소년을 만나며, 숫자와 규정만으로는 설명할 수 없는 현실의 간극을 경험한다. 회복적 사법의 가장 효율적인 사례로 운영되고 있는 희망동행교실 프로그램조차 현장의 목소리가 제대로 반영되지 못하고 있는 상황을 보면 먼저 우리가 어디서 시작해야 하는지를 알게 된다. 중요한 것은 법이나 제도를 만들어내는 현장의 목소리를 들어야 한다는 점이다. 그리고 연령하향과 같은 법 개정의 문제는 다음에 관심을 가져야 할 문제이다.

👉 생각해 볼 거리

제도와 현장이 괴리되는 원인은 무엇일까?

법은 인간의 삶을 어디까지 포괄할 수 있을까?

처벌 이전에 우리 사회가 먼저 해야 할 일은 무엇일까?

✏️ 토론 주제:"

소년범죄 예방을 위해서는 처벌보다 사회 시스템의 보완이 우선이다." (찬반)

✏️ 논술 주제:

법과 현실 사이의 간극을 보여주는 촉법소년 사례를 분석하고, 이에 대한 사회적 해결 방안을 제시하시오.

촉법소년
우리 아이들

제6장 당신의 판단은?

소년사법 실무전문가들의 목소리

 그렇다면 촉법소년 연령 하향(상한연령 하향)에 대해 현장에서 직접 이들을 만나고 있는 소년사법 실무전문가들은 어떻게 생각할까? 학교전담경찰관 65명, 여성청소년수사관 113명, 소년보호관찰관 59명, 소년보호기관 교사 41명의 4개 집단 총 278명을 대상으로 2022년 온라인 설문조사를 실시했다. 이를 바탕으로 이들 실무담당자들의 의견을 이항 로지스틱 회귀분석을 통해 촉법소년 상한연령 하향에 대한 이들의 생각을 분석해보면 매우 흥미로운 결과가 도출된다.[49] 이 연구에서는 성별과 연령, 업무, 근무지역, 근무기간으로 인적특성을 구분하여 결과를 도출하였는데, 흥미로운 부분은 여성인 경우 남성에 비해 촉법소년 상한연령 하향에 찬성할 승산이 2.27배 높았으며, 여성청소년수사관의 경우 학교전담경찰관에 비해 역시 촉법소년 상한연령 하향에 찬성할 승산(勝算)[50]이 2.92배 높았다. 성별과 업무간 상호작용이 촉법소년 상한연령 하향 찬반에 유의미한 영향을 미치고 있음을 알 수 있었다. 남성 학교전담 경찰관과 비교했을 때, 남성 소년보호관찰관은 5.14배, 여성인 학교전담경찰관은 6.52배, 여성인 여성청소년수사관은 12.24배 높은 것으로 나타나, 여성이라는 성별과 비행 직후 소년을 수사단계에서 마주하는 여성 청소년수사관이라는 업무가 교차

되면 가장 높은 찬성비율을 보이는 것을 확인할 수 있었다. 결론적으로 결과분석에서 성별과 업무간 상호작용이 촉법소년 상한연령 하향 찬반에 유의한 영향을 미치고 있음을 알 수 있었다. 이 조사에 참여한 소년사법 실무전문가 278명 중 225명(80.9%)이 촉법소년 상한연령 하향에 동의하고 있는 것으로 분석되었다.[51] 현장에서 직접 소년범죄자들을 만나고 있는 현장 실무자들은 촉법소년 연령하향에 대해 일반 대중이나 이론적 접근을 하고 있는 학자들에 비해 높은 비율로 동의하고 있는 점이 주목할만하다.

엄정한 형사처벌은 정의의 구현일까?

그렇다면 촉법소년 상한연령을 하향하여 형사책임을 지게 하는 것에 문제는 없을까? 아이에게 형사책임을 지게 하는 것은 교도소에 보낸다는 것을 의미한다. 하지만 이런 엄벌주의 입장에 서게 될 때, 교정과 교화의 효과는 줄어들게 된다. 그렇다면 실제 사례에서 비교해보자. 하나는 성인범죄와 비교해도 놀랍도록 잔인한 촉법소년 범죄이다. 물론 이 소년은 당시 촉법소년이었기에 형사처벌을 받지 않았다. 다른 사례는 소년범이 아닌 성인 범죄자의 경우로 재판을 거쳐 범인으로 확정되어 무기징역을 선고받았고, 복역했지만, 나중에 과학수사를 통해 무죄가 밝혀진 사례이다. 이 사례가 왜 문제가 되는지 하나씩 확인해보자.

먼저 '광주 친동생 도끼 살인사건'이라는 사례이다. 2001년 3월 5일 전남 광주에서 오전 7시 20분경 심야영업을 마치고 자택으로 돌아온 40대 양 모 씨는 집 안방에서 초등학교 4학년이던 둘째 아들이 흉기에 목이 찔린 채 쓰러져 있는 모습을 발견한다. 아들은 병원으로 옮겨졌으니 숨졌다. 현장에 투입된 수사팀은 누군가 둘째 아들을 살해하고 큰 아들 A 군을 유괴한 것이라고 추정했다. 하지만 CCTV를 확인한 결과 작은 아들 사망 추정시간에 큰 아들 A 군이 혼자 가방을 메고 걸어 나가는 모습이 찍혀 있었다. A 군은 버스를 타고 전북 고창으로 갔다가 지나가던 40대 남성의 오토바이를 얻어 탄다. A 군은 이 남성이 잠시 내려서 소변을 보는 사이 가방에서 도끼를 꺼내어 이 남성을 죽이려 했지만 지나가는 행인 때문에 실행에 옮기지 못한다. 다시 광주로 돌아간 A 군은 골목에서 소변을 보고 있는 남성을 발견하고 다시 가방에서 손도끼를 꺼내 들었지만, 바로 옆에 있던 큰 거울에서 자신의 모습을 보고 놀라 범행을 중단한다. 이후 주변을 배회하다가 사건 발생 14시간 만에 일대를 수색하던 형사에게 검거된다. 만약 이 때 잡히지 않았더라면 연쇄살인으로 이어졌을 수도 있는 상황이었다.[52]

당시 A 군과 장시간 면담을 했던 권일용 프로파일러는 "이런 말을 하는 아이는 처음 봤다"고 했다. A 군은 "저는 살인, 죽음 그런 게 좋았다. 재밌다고 생각했다. 기분이 좋다는 느낌이 들고 흥미가 있었다"고 했다. 또 마치 장래희망을 얘기하듯이 "한 명씩 죽이는 건 재미가 없을 것 같고 건물이 폭발하거나 해서 여러 사람이 죽는 모습을 너무 보고 싶다"고도 했다. A 군은 당시 유행하던 미니 홈피에 "군대 다녀와서 마음껏 살인을 즐기는 게 꿈이다" 등의 일기형식의 글을 썼다. 그리고 학교 신상 기록 장래 희망란에 '살인청부업자'라고 써서 담임교사가 A 군의 부모에게 연락해 치료를 권했던 사실도 드러났다. 이 사건은 부부가 24시간 식당을 하며 돌봄 사각지대에 놓여 있던 아이들, 그리고 폭력적인 게임중독의 문제 등이 연관되어 세간의 주목을 받았다. 당시 A 군은 만 14세로 소년법이 적용되어 단기 4년의 보호처분만 받고 어떤 전과기록도 남지 않은 것으로 알려져 있다. 사건 자체로만 보면 상상할 수 없는 잔혹성으로 이 아이의 교화가능성을 확신하기는 매우 어렵다. 이 소년을 면담한 권일용 프로파일러는 "어디서부터 접근해야 할지 막막함을 느꼈다"라고 토로한다.[53] 노련한 프로파일러조차 면담에서 벽을 느꼈다는 이 아이는 부모님이 "아이를 하나 잃었는데 남은 아들마저 잃을 수 없다"라며 간절히 호소했다고 한다. 이 아이는 25년이 흐른 이후 어떤 범죄도 저지르지 않고 정상적인 사회인으로 잘 살고 있다고 한다. 아마 놀라운 범죄였기에 추적관찰이 이루어지고 있던 것으로 보인다. 이 지점에서 한 가지 가능성을 생각해보자. 이 아이의 범죄행동 자체에 초점을 맞춰본다면 이 범죄는 패륜범죄이고 살인이라는 중범이다. 만약 촉법소년의 연령을 하향하여 형사법의 적용을 받았다면 이 아이는 소년교도소에 가게 되었을 수도 있다. 그렇게 되었다면 이 아이는 정상적인 사회인으로 자랄 수 있었을까? 물론 '다른 사람을 죽이려 했던 두 번의 범행이 성공했다'면, '촉법소년 연령하향으로 형사처벌을 받았다'면이라는 가정의 가정이 겹쳐진다면 결과는 달라질 수 있다.

인간은 누구나 실수할 수 있다. 판사도, 형사도

다른 하나의 사례를 보자. 화성연쇄살인 사건, 1986년 9월 15일부터 1991년 4월 3일까지 이춘재가 10여차례에 걸쳐 살인을 저질렀던 사건이다. 개구리 소년 실종사건과 더불어 대한민국 최악의 미제사건으로 남아있던 범인이 잡힌 것은 2019년 8월 9일, 30년만에 DNA 대조로 유력 용의자 이춘재가 특정되고 검거된 사건이다. 하지만 이 사건의 공소시효는 2006년 4월 2일부로 만료되었기 때문에 이춘재는 공소권 없음으로 처벌받지 않았다. 다만 이춘재는 이미 청주 처제 살인사건으로 무기징역을 선고받고 복역중이었다. 통상 무기징역을 선고받고 복역 중인 범죄자도 가석방을 통해 사회로 나올 수 있기 때문에 이 사건의 범인으로 밝혀진 이후 가석방이 차단되어 이춘재를 사회에서 격리하는 것만이 유일한 조치였다.

하지만 이춘재가 범인으로 특정되기 이전에 화성연쇄살인 사건의 범인으로 선고받은 사람이 있었다. 바로 윤성여씨다. 윤성여씨는 1988년 일어났던 8차 사건의 범인으로 지목되어 1989년 사형을 선고받았으나 대법원 파기환송을 통해 무기수로 감형 받았고, 복역 중 감형을 받아 2009년에 가석방되었다.[54] 윤씨는 줄곧 경찰의 강압수사에 의한 허위자백이라며 무죄를 주장해왔지만 결국 32년만에 이춘재가 화성 연쇄살인 사건의 진범으로 붙잡히고, 윤씨가 범인으로 지목되었던 8차 사건도 자신의 범행이라고 자백하기까지 누명을 벗지 못했던 것이다.

우리는 두 개의 사례에서 촉법소년 연령하향에 관한 참고할 만한 부분을 발견할 수 있다. 먼저 첫 번째 사례인 '광주 친동생 도끼살인'의 경우 이 아이가 형사처벌을 받았다면 과연 부모의 의지에도 불구하고 정상적인 사회인으로 복귀할 수 있었을까 하는 점이다. 소년범죄의 쟁점이 교정과 교화라는 점에서 나이 많은 범죄자들과 같이 수용되는 현실에서 정상적인 교정과 교화가 부모처럼 가능했을 지 의문이 들지 않을 수 없다. 두 번째는 경찰도 의도적으로든 아니든 실수할 수 있다는 사실이다. 인간이기에 벗어날 수 없는 실수지만 한 사람의 인생을 망가트릴 수 있는 것이 공권력이고 제도이다. 갱생의 가능성이 있든, 혹은 아예 잘못된 절차에 의해서든, 교정과 교화가 가능한 아이들을 구할 수 있다면 우리는 어떤 선택을 해야 하는가?

범죄자는 반성하고 있을까?

우리는 엄벌주의가 가져올 수 있는 문제에 대하여 위에서 두 가지 사례를 통해 검토해 보았다. '광주 친동생 도끼살인사건' 같은 잔혹한 범죄의 경우도 교정과 교화가 가능하다는 것, 그리고 소년범죄는 아니지만 경찰과 검찰, 그리고 판사도 실수를 할 수 있다는 점이다. 그렇다면 이번에는 반대의 경우도 살펴보자. 제대로 된 교정과 교화가 이루어진다면 과연 소년범죄의 문제들을 해결할 수 있을까? 촉법소년 범죄에서 대중들이 가장 놀라는 점은 두 가지이다. 첫 번째는 너무 어린 나이에 너무 심각한 범죄를 저지른다는 점이고, 두 번째는 그럼에도 불구하고 형사적 책임을 지지 않는다는 점이다. 그렇다면 소년범죄자들은 반성하고 있을까? 먼저 소년범죄자는 아니지만 성인범죄자의 사례를 보자. 2008년 12월에 등교 중이던 8살 초등학생을 강간 폭행한 아동성범죄자 조두순은 징역 12년형을 선고받는다. 이미 아동 성폭행 전과가 있었음에도 불구하고 검찰의 재판과정에서의 직무유기와 조두순 측 변호인의 주장인 심신미약과 고령이라는 점이 받아들여져 나온 최종 형량이다. 당시 조두순의 나이는 56세였다. 56세가 고령인가? 대중들의 관심이 집중되었던 사건이라 2020년 조두순이 출소했을 때도 다시 언론의 주목을 받았다. 이 사건은 대중들의 관심이 집중되면서 범죄자의 민낯이 여과 없이 방송을 통해 전달되었고, 이를 본 시청자들에게 충격을 주기도 했다. 3번에 걸친 재판과정에서 조두순은 1심에서는 자신이 범인이 아니라고 거짓말을 했고, CCTV를 통해 증거가 밝혀진 후에도 전혀 반성하지 않고, 억울하다면서 항소를 거듭했다. 출소한 후에도 "이미 죗값을 다 치렀는데 뭐가 문제냐"는 안하무인 격인 태도를 보여서 더욱 공분을 자아냈다. 그렇다면 이렇게 질문할 수 있다. 뻔뻔한 범죄자 한 사람의 태도로 모든 범죄자가 반성하지 않는다고 말할 수 없다고 말이다. 그런데 놀랍게도 우리는 언론을 통해 접하게 되는 많은 범죄자들에게서 조두순과 같은 태도를 반복적으로 보게 된다. 범죄자들은 피해자를 탓하거나, 이미 판결을 통해 죗값을 치렀으니 자신이 비난받을 이유가 없다고 말하곤 한다. 심지어 아동성범죄자들은 "그 아이가 나를 유혹했다."고 말한다고 한다.

그렇다면 우리의 소년범죄자들은 어떨까? 교정과 교화의 가능성이 높은 우리 아이들은 과연 어쩔 수 없는 환경적, 제도적 이유로 범죄의 수렁으로 빠져들어간 피해자들일까? 그들은 교정과 교화를 통해 새로운 인간으로 태어날 수 있을까? 놀랍게도 실제 사례를 통해 우리는 그런 경우를 보기도 한다. 위에서 확인한 '광주 친동생 도끼 살인 사건'의 범인이었던 촉법소년의 경우가 그러하다. 전문 프로파일러조차 "무슨 말을 해야 할지 막막한 심정이었다."라던 아이는 평범한 생활인으로 살고 있다고 한다. 교정과 교화가 이런 범죄의 경우에도 가능했다는 사례이다.

어린 소년범죄자들은 교화될까?

그렇다면 반대의 경우는 어떨까? 교정과 교화라는 소년범죄의 특징이 항상 같은 결과를 가져올까? 촉법소년은 아니지만 소년범죄의 잔혹성으로 세상을 놀라게 했던 사건의 경우를 보자. 1997년 7월 9일 전남 화순군 화순읍 벽라리에 위치한 서라 아파트에서 5살 여자아이가 집에 돌아와 벨을 눌렀지만 집에서 문을 열어줘야 할 엄마와 3살 동생은 나오지 않았고, 집 안에서는 TV 소리만 들리고 있었다. 한참 후 근처를 지나던 아이의 이모가 아이를 발견하고 아빠에게 연락해 아파트 문을 열었는데, 이들이 발견한 것은 참혹한 범죄현장과 모녀의 시신이었다. 경찰의 사건현장에 대한 조사와 주변 탐문을 통해 앞 집에 살던 고등학교 자퇴생이던 17세, 16세 남학생, 그리고 15세, 18세 여학생이 범인으로 체포된다. 매우 잔인한 사건이었고, 남자 2명은 징역 20년, 여자 2명은 징역 15년을 선고받았다고 알려졌다.[55] 이 사건은 범죄의 잔혹성이나 범인의 나이의 측면에서 놀라움을 금할 수 없던 사건이었다. 이 사건을 분석한 김복준 교수는 90년대는 화성연쇄살인사건이나 지존파 사건 등 세상을 놀라게 한 강력사건이 많았던 시기이기도 하다며, 이 사건도 그런 일련의 시대적 의미의 측면도 있다고 분석했다.

이 사건이 다시 대중의 시선을 끌게 된 일이 다시 일어나는데, 한 방송프로그램을 통해서였다. 2008년에 방송된 KBS의 '다큐멘터리 3일; 청주여자교도소 죄와 벌편'에서였다. 이 방송에서 안유진이라는 가명으로 등장한 한 죄수는 "연애도 하고 싶고, 누나가 이렇게 되어서 동생이 충격을 받은게 안타깝다"라고 말한다. 방송사에서 이 프로그램을 방영한 이유가 무엇인지는 정확히 알 수 없지만, 사회의 어두운 면을 들여다보고, '죄수들도 평범한 일반인들처럼 꿈도 있고, 미래에 대한 계획도 있다.'라는 메시지를 전달하고 싶었던 것이 아닌가 싶다. 하지만 이 방송이 방영되자 27살이 15년형을 받았으면 도대체 무슨 범죄를 저지른 건가에 대한 궁금증으로 시작하여, 이 출연자가 1997년의 전남 화순 서라아파트 강도 살인범 중의 한 사람일 것으로 추정되었다. 추정이 맞다면 15살 나이에 단란주점 종업원으로 일하다가 앞집 주부와 3살 아이를 강도 살인한 범죄자인 것이다. 혹시라도 인터뷰 중에 '피해자들에게 미안하고 용서를 구하고 싶다'라는 말을 한 마디라도 했다면 시청자들이 그렇게 분노하지는 않았을 것이다. 혹시 그런 반성의 말이 있었는데, 방송사에서 편집했을 수도 있다. 하지만 잔인한 소년범죄자도 평범한 인간일 수 있다는 방송사의 의도가 전달되고 받아들여지기에는 사건의 참혹한 진실에서 오는 충격이 너무 압도적이었다.

우리는 반성하지 않는 범죄자들을 볼 때마다 인간이란 존재의 본성에 대해 회의가 들지 않을 수 없다. 규율과 규제가 없다면 인간은 올바르게 살아갈 수 있을 것인가? 촉법소년 연령하향 문제의 경우에도 우리는 많은 반대론자들이 기본적으로는 인간의 선한 본성과 교정 가능성에 신뢰를 가지고 있는 것을 보았다. 하지만 정작 소년범죄자들을 현장에서 접하고 있는 많은 경찰, 변호사, 실무자들이 오히려 연령하향 문제에 일반 여론조사보다 높은 찬성 입장을 보이고 있었다는 연구결과를 보면 반대론자들의 인간 본성에 대한 선한 믿음에 동의하기 어렵다.

☞ 생각해 볼 거리

같은 나이라도 죄의 무게가 다르다면, 법은 어떻게 구분해야 할까? 형식적 기준을 넘는 유연한 사법 시스템은 가능한가?

✍ 토론 주제:

"촉법소년 제도는 사례에 따라 유동적으로 적용되어야 한다."(찬반)

✍ 논술 주제:

실제 사례를 바탕으로 촉법소년 제도가 공정한지를 평가하고, 대안을 제시하시오.

촉법소년
우리 아이들

제7장 대안과 제안:

길은 하나뿐일까?

우리가 선택한 길

촉법소년 제도를 둘러싼 논쟁은 결국 "어떻게 하면 더 나은 사회를 만들 것인가"라는 질문으로 이어진다. 단순히 연령을 낮출 것인가, 아니면 제도를 전면 개편할 것인가?

첫 번째 대안은 선택적 연령 하향이다. 모든 범죄가 아닌, 일정 기준 이상의 강력범죄에 한해 촉법소년 연령을 낮추는 방안이다. 예를 들어, 계획적인 살인이나 중범죄에 대해서는 성인에 준하는 책임을 묻는 것이다.

두 번째는 회복적 사법제도의 도입이다. 피해자와 가해자, 지역사회가 함께 사건을 이해하고 해결하는 과정 속에서 소년은 범죄의 결과를 온전히 마주하게 된다. 이는 단지 처벌보다 더 강력한 자기성찰을 유도할 수 있다.

세 번째는 사회 시스템의 보완이다. 학교 밖 청소년에 대한 보호체계, 보호처분 이후의 실질적 재활 프로그램, 지역사회 돌봄 인프라의 확대 등이 함께 작동할 때, 비로소 '촉법소년 문제'는 구조적으로 해결될 수 있다.

청소년이 우리 사회에서 민주시민으로서 올바르게 성장할 수 있도록 관심과 지원을 해야 한다는 것은 우리 사회가 마땅히 해야 할 정의의 구현이다. 그것은 범죄소년이나 촉법소년, 우범소년의 경우에도 예외가 될 수 없다. 사회에 충격을 던지는 소년범죄가 발생할 때마다 우리 사회는 소년법을 폐지하고 범죄의 경중에 따라 성인에 준하는 형사처벌을 해야 한다거나, 촉법소년의 연령을 하향하여 엄중한 법의 심판을 받게 하는 것이 사회정의의 구현이라고 생각하게 된다. 하지만 현행 우리 사법체계에서 소년사법제도는 지난 시간의 여러 문제점들이 누적되어 있고, 지금 시대의 변화를 반영하지 못하고 있다. 소년범죄와 관련된 구금시설들은 이미 포화상태이며, 운영 프로그램의 미비나 예산과 인력, 전문성의 문제도 있다. 그렇다면 촉법소년의 연령 하향이나 처벌 강화이외의 문제는 없는 것일까? 그런 점에서 중간처우 제도에 대한 관심은 소년 범죄의 재범율을 낮출 수 있다는 점에서 시급한 문제라 할 수 있다.

돌아갈 곳이 없어요. 가정의 부재

대부분의 범죄학 이론들은 소년비행의 특성으로 가정의 부재를 꼽는다. 정상적인 가정의 부재는 곧 소년비행으로 이어질 수밖에 없고, 처벌의 문제보다 재범의 문제에 주목한다면 사회는 바로 소년범죄를 효과적으로 예방할 수 있고, 소년은 올바른 성인으로 성장할 수 있다.

이 책의 서두에서 사례로 들었던 2020년 4월 발생한 사건의 사례를 보자. 훔친 렌터카로 배달 오토바이 청년을 사망에 이르게 하고 이후 연속된 절도와 폭행으로 사회의 공분을 샀던 A 군의 경우를 보자. 우리는 범죄의 잔인성에 놀라고, 그들의 SNS를 통해 공개된 반성하지 않는 성격에 놀라고, 그리고 이어진 그들의 재범과 약한 처벌에 다시 놀라지 않을 수 없었다. 하지만 대부분의 경우에 그러하듯이 이러한 사건에서 왜 이런 일이 발생했고, 왜 이들은 다시 범죄의 연쇄 사슬에서 벗어날 수 없었는가는 생각하지 않는다. 이들의 범죄에 희생된 배달 오토바이 청년이나, 18시간을 끌려다니며 맞아야 했던 어린 학생들을 생각하면 물론 가슴 아프지만, 결국은 이런 범죄가 어디서 시작되었는가라는 질문이 필요하다. 그런 측면에서 범죄의 흉포화나 재범률의 감소를 위해 가장 중요한 것은 우선 중간처우제도에 대한 관심에서 시작해야 한다는 점이다.

    소년범죄의 특성은 성인에 대한 형사처벌과 다르다는 점이다. 따라서 우리가 알고 있듯이 소년원에 송치되더라도 전과자가 되는 것도 아니고 기록이 남는 것도 아니다. 이런 부분에서 우리는 사회정의의 구현이 이루어지지 않는다고 분노하게 되는 것이다. 하지만 원칙적으로 소년범죄는 처벌이나 응보보다는 교화나 재사회화가 더 중요한 문제이다. 만약 소년 범죄자들을 성인처럼 경찰, 검찰, 법원의 판결로 이어지는 사법절차를 모두 거치게 하면 사법처리 기간은 매우 길어질 수밖에 없고, 이들에 대한 사회적 낙인효과도 커지게 되어 결국은 재사회화에 부정적일 수밖에 없다. 따라서 정부나 민간 사회기관 등을 통해, 범국가적 차원에서 형벌이 아닌 다양한 대안들을 통해 이들의 재범방지와 재사회화를 위한 노력을 해야한다.

아이들의 교정, 재사회화를 위한 청소년회복지원시설

이러한 재사회화 제도로서 가장 대표적인 것이 청소년회복지원시설이다. 재사회화시설은 비행 초기의 개선 가능성이 높은 청소년에게 적절한 교육적 감호를 할 수 있는 사회 내 처우로 대안가정을 제공하는 것을 목표로 하고 있다. 이 중 청소년 회복지원시설은 집단적 격리시설인 사회 내 처우를 시도하면서 소년의 특성에 따른 가족적, 정서적 돌봄을 실현하고자 설치된 시설이다. 이 시설은 경미한 비행의 소년에게 낙인을 방지하고 기본적 생활과 대인관계 훈련을 제공할 수 있는 시도로서 의미를 가진다. 비행청소년의 근본적 문제가 가정에서 비롯되었다고 본다면, 문제의 시작점이 되었던 가정에서 분리하는 절차가 필요하다. 그리고 올바른 사회구성원으로서 역할을 할 수 있게 재사회화가

이루어진다면 이러한 시설은 소년범죄에 대한 가장 효과적인 대응책이 될 것이다.[56]

현재 우리나라의 중간처우 프로그램은 4종류로 분류해서 볼 수 있다. 청소년 꿈키움센터와 6호 처분 청소년들을 위한 아동보호 치료시설, 1호 처분 청소년들을 위한 청소년 회복지원시설, 마지막으로 청소년자립생활관이다.

청소년 꿈키움센터는 2007년 법무부가 부산, 광주, 대전, 청주, 창원, 안산 등 6개 지역에 '청소년 비행 예방센터"를 설치하고 전문 직원 56명을 배치한 것을 시작으로 2019년 기준 17개 센터를 운영하고 있다. 하지만 초기 설립명인 '청소년 비행예방센터'는 비행청소년이라는 이미지를 앞세우면서 부정적인 측면이 강하여 2013년부터 대외명칭이 '청소년 꿈키움센터'로 변경되었다. 청소년 꿈키움센터는 그동안 소년분류심사원과 대행소년원에서 담당하던 부적응학생(일반학교에서 의뢰한 경우)과 초기단계의 비행청소년(검찰 및 법원 등 사법기관에서 의뢰한 경우)에 대한 대안교육과 비수용범죄소년에 대한 비행진단 및 교육을 실시하고, 보호자 교육, 일반학생 및 국민에 대한 법교육, 자원봉사자 및 청소년 문제 전문가에 대한 전문교육, 각종 교육 프로그램 개발 및 보급 등의 업무를 하고 있다. 이 시설은 국가적인 차원에서 법무부가 적극적인 역할을 수행하고 있고, 이에 따라 청소년 비행 예방의 실효성을 제고할 수 있는 기반을 조성하였다는 의의를 가지고 있다.

청소년 꿈키움센터의 현황과 임무

기관명	설립일	교육과정
부산, 대전	2007.7	청소년 꿈키움센터 -상담조사, 결정전조사, 대안교육, 보호자교육, 청소년심리상담 솔로몬로파크 -법교육 및 법문화 직무연수, 자원봉사자 전문교육
안산	2007.7	-상담조사 -결정 전 조사 -대안교육 -보호자교육 -청소년 심리상담
창원, 청주, 광주	2007.7	
대구, 서울남부, 서울북부, 인천	2012.6	
순천, 전주, 춘천	2013.11	
부산동부, 울산, 수원	2014.12	
제주	2016.5	

출처; 여성가족부, 2020 청소년 백서

    아동복지시설 또는 소년보호 위탁시설은 보호처분 중에서 6호처분을 받은 소년들이 가는 시설이다. 6호 처분은 소년원에 보낼 만큼 죄질이 심각하지는 않지만, 바로 가정으로 복귀시키기는 어려운 청소년들에게 다양한 프로그램을 통해 원활한 교화를 도모하게 하는 목표를 가지고 있다. 이 시설들은 법원에서 지정하여 운영되고 있다. 여성 청소년과 남성 청소년 범죄 발생 비율의 차이는 있지만 남성 청소년 시설의 수용인원이 276명, 여성 청소년 시설의 수용인원이 111명으로 2.7배 정도 차이가 있는 것을 확인할 수 있다. 그런데 남성 청소년 시설의 경우 현원이 정원에 많이 못 미치는 곳이 대부분인 반면, 여성 청소년 시설은 대구를 제외하고 정원을 채우고 있는 부분에 주목할 필요가 있다. 즉 여성 청소년 시설의 확충이 필요함을 알 수 있다. 여성 범죄 청소년의 숫자가 적음에도 불구하고 수용시설이 희망 청소년에 비해 훨씬 적다는 점을 확인할 수 있다. 단순히 의뢰 숫자의 유무보다 시설 운영의 측면을 우리가 고려해야 함을 의미한다.

6호 처분 위탁시설 현황(2020년 기준)

성별	시설명	운영단체	위탁법원	현원/정원
남	효광원(대전)	천주교	서울, 대전, 대구, 부산, 광주, 의정부, 인천, 수원, 춘천, 청주, 전주	98/115
남	살레시오 청소년센터(서울)	천주교	서울, 의정부, 인천, 수원, 춘천	57/80
남	돈보스코오라토리오(서울)	천주교	서울, 의정부, 인천, 수원	35/45
남	로뎀청소년센터(충북)	기독교	서울, 인천, 수원, 춘천, 청주.	34/36
남, 녀	희망샘학교(전북)	희망샘학교	광주, 전주, 춘천	44/70

여	마자렐로센터(서울)	천주교	서울, 수원, 인천, 춘천, 청주	50/50
	나사로 청소년의 집 (경기)	기독교	서울, 의정부, 인천, 수원, 춘천, 청주	40/40
	늘사랑 청소년센터(대구)	대한사회복지회	대구	21/32

출처; 법무부 범죄예방정책국 내부자료

청소년 회복지원시설
- 1호 처분을 받은 아이들을 위한 시설

청소년 회복지원시설[57]은 소년법 처분에서 가장 낮은 처벌인 제1호 처분인 '보호자 감호위탁'을 받은 시설이다. 감호위탁기간 동안 이들을 보호하면서 상담, 주거, 학업, 자립 등을 지원하는 시설이다. 그동안은 민간 차원에서 시설이 운영되다가 2016년 11월에 <청소년복지지원법>이 개정됨에 따라 법적 근거가 마련되면서, 체계적인 서비스가 제공되었고, 2019년에 국비가 확보되면서 종사자 대상의 인건비와 운영비가 지원되기 시작했다. 청소년 회복센터는 1호 처분을 받은 소년범 중에서 가정환경의 문제로 가정으로 복귀가 어려운 청소년들을 대상으로 가족과 같은 보호환경을 제공하고 자립을 지원하는 시설이다. 이 시설의 프로그램은 보호청소년들이 정서적으로 회복하고 학교에 복귀할 수 있게 돕고 있으며 진로탐색에 대한 지원도 병행하고 있다.

경남	샬롬, 소망, 새빛, 연지女
부산	푸른열매, 예람女, 둥지女, 위드
울산	보금자리,
대전	민족사관, 사계절
수원	새나女, 세나 예나女

청소년 자립생활관 – 중간처우시설

청소년자립생활관은 (재)한국소년보호협회 산하 중간처우 시설로 전국 8개소가 그룹홈 형태로 설치, 운영 중이다. 각 생활관의 정원은 12~20명으로 총 130명이 입소 가능하며, 최소 6개월부터 시작하여 6개월 단위로 연장할 수 있으며, 최장 2년까지 있거나 만 23세가 될 때 퇴소해야 한다. 종사자는 각 시설당 4명(관장 1명, 실장 3명)이며, 생활지도, 사회정착 지원, 행정, 취사 등의 업무는 각 생활관의 특성에 따라 실장들이 나누어 담당한다. 그나마 이 시설들은 기관과 연계하여 지원금을 받도록 제도화되어 있다. 그럼에도 불구하고 수용인원을 소년범 발생 숫자와 비교하면 시설이 턱없이 부족하다는 것을 알 수 있다.

시설	소재지	정원	설립지원기관
경기	경기도 의왕시 고천동	14	재단/복권기금
부산	부산시 강서구 대저1동	16	포스코/복권기금
대구	대구시 북구 읍내동	16	포스코/복권기금
광주	광주시 광산구 비아동	16	포스코/복권기금
대전	대전시 서구 가라동	12	가스공사
경기여자	경기도 안양시 동안구	20	가스공사
전북	전주시 덕진구 호성동	18	복권기금
강원	강원도 춘천시 학곡리	18	복권기금

청소년 자립생활관 현황, 재단법인한국소년보호협회

학교전담경찰관은 소년범죄를 막을 수 있을까?

소년범죄와 성인범죄의 가장 큰 차이점은 교정가능성의 차이이다. 소년범죄자는 성인범죄자에 비해 훨씬 교정가능성이 크다고 생각하고 이에 따라 소년법도 제정되어 있다. 그런 관점에서 범죄의 발생 전후의 상황에서 교정의 역할로 가장 의미 있는 제도는 학교전담경찰관 제도라고 할 수 있다. 학교전담경찰관 제도는 2011년 대구에서 발생한 중학생 투신 사건을 계기로 2012년 6월에 도입되었다. 2011년 대구의 한 중학교에서 같은 반 학우의 상습적 괴롭힘(물고문, 구타, 폭행, 협박, 금품갈취 등), 즉 학교폭력이 있었다는 유서를 작성하고 이 학교 2학년 학생이 자신의 아파트에서 뛰어내려 자살한 것이다. 같은 학교에서 이미 5개월 전에 여학생의 자살사건이 있었지만 학교 측에서 이를 교통사고라면서 덮었던 사실도 밝혀져 충격을 주었다.

이를 계기로 학교폭력 문제가 사회적 관심사가 되었고, 2012년 이명박 정부는 '학교폭력 근절 범정부 대책'을 마련하고 그해 6월 학교전담경찰관 제도를 도입하였다. 하지만 사회적 이슈에 대응하기 위해 급하게 시행하다 보니 한동안 법적 근거 없이 운영되었고, 2017년 11월 '학교폭력예방 및 대책에 관한 법률' 제20조의6에 근거하여 법적기반을 갖추게 되었다.[58] 학교전담경찰관은 2021년말 기준 전국에 1,020명이 배치되어 있는데, 정원은 1,122명이어서 충원율은 91%수준이다. 충원율이 떨어지는 이유는 제도적 문제로 경찰의 선호도가 떨어지고 있다는 의미이다. 1명의 학교전담경찰관이 전담하는 초·중·고교는 평균 11.8개교에 이른다. 학교별로 정正·부副 담당제를 갖추고 있는데, 남학교에는 남성 경찰관을, 여학교에는 여성 경찰관을 정 담당으로 하여 이성 상담과정에서 발생할 수 있는 시비를 차단하고 있다. 학교 경찰관의 역할은 청소년 폭력과 관련된 예방, 사안대응, 사후관리 및 위기청소년 보호 등이다.

학교전담경찰관의 역할

구분	세부 역할
예방활동	학교폭력 예방교육, 학생·교사 상대 면담, 학교와의 협력체계 유지 등
사안대응	117 등 신고사건 처리, 폭력서클 관련 정보수집 및 해체 등
사후관리	가해학생 선도, 피해학생 보호·지원 연계 등
위기청소년 보호	학교 밖·가정 밖 청소년 발굴 및 지원·연계 등

출처: 경찰청. (2020). 비행소년 업무 매뉴얼 재구성

학교 현장에서는 선생님이나 학생들 모두 다루기 힘든 문제소년들에 대해 전문가인 학교전담경찰관이 도움이 되고 있다고 한다. 프로그램의 구성을 보면 그런 반응이 이해가 가기도 하다. 하지만 왜 여전히

소년범죄는 사회적 문제가 되고 있을까? 인간의 본성에서 완전한 인간은 없다는 점을 우리가 수용해야만 하는 것일까?

  소년법의 처벌을 받은 아이들을 위한 중간처우 시설이나 소년문제의 근본적 해결을 위한 학교전담경찰관제도는 이미 우리사회가 이 문제의 해결을 위해 여러가지 노력을 하고 있음을 알게 한다. 하지만 이러한 노력에도 불구하고 왜 문제는 해결되지 않을까? 결국 좋은 제도는 명목일 뿐이고, 중요한 것은 운영의 문제임을 알 수 있다. 형식적이고 허울뿐인 제도보다 운영상의 여러가지 문제들을 해결하려는 현장의 목소리가 담기지 않는다면 다양한 해법들이 효과를 보기 어려울 것이다.

제7장 대안과 제안: 길은 하나뿐일까?

☞ 생각해 볼 거리

연령 하향만으로 문제를 해결할 수 있을까?

회복적 사법은 우리 사회에 현실적으로 적용 가능할까?

✍ 토론 주제:

"촉법소년 제도의 대안은 형사처벌이 아닌 회복과 사회개입이다."
(찬반)

✍ 논술 주제:

촉법소년 제도 개혁을 위한 현실적 대안을 제시하고, 그 타당성을 논하시오.

촉법소년
우리 아이들

마무리: 소년은 사회의 거울이다

마무리:

소년은 사회의 거울이다

마음이 고픈 아이들

　회복적사회지원제도는 우리나라가 2000년대 이후 소년범죄에 대한 사회적 시스템의 접근이라는 측면에서 제도적으로 매우 진일보하였음을 확인할 수 있게 하는 제도이다. 시스템만으로 보면 매우 잘 되어있다는 느낌을 받을 수도 있다. 하지만 그러한 제도가 과연 효과적으로 운영되고 있는 지는 의문이다.

　외국의 회복적사회지원제도의 사례로 독일의 청소년 하임이라는 범죄청소년의 교육처분을 담당하는 시설이 있다. 하임Heim은 독일어로 집이라는 뜻이다. 즉 우리나라의 청소년 회복지원시설처럼 비행소년에게 가정이 되어 주는 한편, 비행행동 치료 및 회복지원, 체험 교육 활동, 약물 및 정신건강, 자립을 위한 직업교육 및 연계를 통해서 범죄소년이 사회의 구성원으로서 건강하게 자립할 수 있도록 지원하는 시설이다. 대중들에게 '호통판사'로 알려진 천종호 판사는 독일식 청소년 하임을 연상하게 하는 '사법형 그룹홈' 시설을 2010년 만드는데 주도적인 역할을 한다. 그는 '사법형 그룹홈'을 제안하게 된 이유를 스스로 밝히고 있는데, "사회로 돌려보내는 많은 소년범은 대부분 초범이거나 법 위반 정도가 비교적 경미하다. 그런데 그들의 가정환경을 보면 보호자의 보호력이 약한 결손가정이나 저소득가정이 많고, 그 때문인지 그들의 재비행률은 우려할 정도로 높다. 사회 내 처우가 효과를 발휘하려면 보호력이 약한 가정환경을 조정해 주어야 하는데 이 부분에 국가와 사회는 손을 놓고 있다."[59]라며, 1호 처분을 받은 소년들에 대한 사회적 지원을 호소한다. 그에 따르면 2015년 기준 형법위반 소년범 수는 매년 10만~11만 명에 이르고 그 중 살인, 성폭행 등 중대 범죄를 저지른 소년은 김천소년교도소(국내 유일의 소년교도소)에 수감되고, 그 다음 단계 소년은 전국 10개 소년원이나 6호 기관(아동보호치료시설) 등 소년법상 6호 처분기관에 위탁된다. 이상의 소년을 제외한 나머지 소년이 기소유예처분이나 소년법 상의 1호처분 등(이하 '사회 내 처우'라고 함)을 받고 사회로 돌려보내지는데, 이 중 1호 처분을 받은 소년들이 들어가는 시설에 대한 지원을 호소하는 것이다.

법무연수원 발간 '2013년 범죄백서'에 따르면 2012년 소년교도소 재소자수는 총 337명이고, 소년원 재원생 수는 총 3,429명이다. 또 6호 처분을 받은 소년은 연간 1,000명을 넘지 않으므로, 연간 소년교도소 소년원 6호 기관에서 생활하는 소년범 수는 5,000명 안팎이고, 매년 소년범 중 9만 5,000명~10만 5,000명이 사회로 되돌려 보내진다고 한다. 이들의 재비행률을 낮추는 방법으로 그가 제안하는 제도가 '사법 그룹홈'제도인 것이다. 천종호 판사의 유명세와 진심 어린 호소가 사회적 요구와 맞물리면서 2014년 9월 '사법형 그룹홈'을 아동복지법

상의 시설로 하는 아동복지법 개정안이 발의되었다. 그는 이러한 흐름에서 한 가지 우려를 표하는데, 그것은 이곳이 교정시설이 아닌 아동복지법이나 청소년복지지원법 등의 복지법상의 시설이 되어야 한다는 것이다. 그 이유는 '사법형 그룹홈'이 대안 가정의 역할을 해야 하는 것이 본 취지이고, 교정시설로 지원받게 되면 소년법에서 정해 둔 최장 1년의 기간이 지나면 이 시설에서 생활하는 아이들을 지원할 수 있는 법적 근거가 사라지게 된다는 것이다. 그가 모델로 삼은 일본의 아동자립시설도 아동복지법 상의 시설로 되어 있다는 점도 이유로 들었다. 따라서 '사법형 그룹홈'을 청소년회복센터로 명명하는 것도 혐오시설이 아닌 복지시설의 차원에서 이를 지원하기 위한 것이라고 주장한다.[60] 수십 년을 현장에서 가정법원 판사로서 아이들을 지켜봐 온 천종호 판사의 선의를 절대 의심할 수 없다. 하지만 의도가 모든 문제를 해결하고 세상을 바꿀 수 있을까? 우리는 그 진행과정에 대해서도 관심을 가져야 할 것이다.

2010년에 당시 창원지법 소년부 재판을 담당하던 천종호 판사의 제안으로 시작된 '사법형 그룹홈'은 2010년에 경남에 3곳이 세워지며 시작되었고, 2016년 기준 경남 6곳, 부산 6곳, 울산 2곳, 대전, 충남 3곳 등 모두 17개소에서 보호소년 140명이 생활하고 있는 것으로 확인되었다. 당시까지 사법형 그룹홈 예산은 법원에서 교육비 명목으로 비행소년 1인당 지급하는 50만원과 운영자가 소년보호사건에서 국선보조인으로 활동하며 받는 수당과 외부 후원금이 전부였고, 천종호 판사가 자신의 책 인세 6,000만원을 후원금으로 기탁하는 등의 지원이 고작이었다. 당시 천종호 판사는 "경남의 (사법형 그룹홈) 아이 50명을 모아 회식을 했는데 삼겹살 200인분을 넘게 먹더라. 정신적 허기를 먹는 것으로 채우는 것"이라고 했다. 당시 이 그룹홈의 한 운영자는 "배곯은 경험이 많은 아이들은 악착같이 먹는다. 8명이 한 끼에 라면 23개를 먹더라"라는 말을 하기도 한다.[61] 이러한 사법형 그룹홈의 운영비 문제를 국가에서 지원하기 위한 청소년 복지지원법이 2016년 5월에 본회의에서 처리됨으로써 국가의 지원을 받게 된다. 회복적 사회지원제도는 소년범죄의 문제에 대하여 국가가 책임을 지고 어떤 차원에서 접근해야 하는가에 대한 적절한 예시를 보여준 사례가 될 것이다

우리 사회의 그림자, 소년범죄자

하지만 천종호 판사의 그룹홈과 같은 회복적 사회지원제도는 상기한 바와 같이 1호 처분을 받은 소년들에 대한 지원제도이다. 그보다 중대한 범죄를 저지른 소년들에 대한 교정과 회복에 관한 문제는 어떻게 접근해야 할 것인가? 2022년 '촉법소년 연령하향'을 위한 법무부 '소년

범죄 종합대책'은 사실 이 문제에 대한 중대 제안이 포함되어 있음에도 불구하고, 반대의견이 '연령하향'의 인권적인 측면에만 초점이 맞춰지고, 법무부의 '대책'의 측면은 간과되고 있음을 아쉽게 생각하지 않을 수 없다. 대책을 발표했던 법무부장관은 교체되고, '촉법소년' 문제에 대한 공약을 내걸었던 대통령도 사임하면서 정치적인 이유로 이 문제는 현실적 변화 없이 공론만 되풀이되고 있는 상황이다. 사실 연령하향만큼이나 중요한 것은 교화와 교정, 재범방지를 위한 제도적 변화이다. 2022년 법무부 종합대책에는 소년범죄의 예방과 재범방지를 위한 인프라 확충, 소년원과 소년 교도소의 교육과 교정강화, 소년보호절차에 있어서의 인권보호 개선, 그리고 가장 중요한 피해자 보호강화, 그리고, 소년 형사사법 절차의 전문성 제고, 과학적 분석에 기반해서 소년범죄를 관리하고 예방하며 재범을 방지하기 위한 모든 절차들에 대한 방안을 설명하고 있다. 하지만 여론의 초점은 '연령하향'에만 맞춰져 중요한 사안들에 대한 논의는 이루어지지 않고 있다. 중요한 것은 이들 제도적 개선에 대한 사회적 공론화이며, 이보다 더 중요한 것은 국가의 재정적 지원이다.

과밀한 소년교정시설과 재범방지를 위한 교육과 인프라의 확충 등은 모두 막대한 재정이 필요한 부분들이다. 하지만 '소년범죄'의 잔혹성에 대한 선정적 보도와 관심 이외에 우리가 정작 어떤 일을 하고 있는지 묻지 않을 수 없다. '촉법소년'의 연령을 13살이 아니라 7살로 하향한다고 해서 소년범죄의 문제가 해결될까? 아니면 '소년범죄자'의 인권을 14살 아래로 내리지 않게 필사적으로 보호한다고 해서 문제가 해결될까? 우리사회에서 가장 중요한 관심사인 '촉법소년' 문제에 대해 우리가 관련 자료들을 읽고, 토론하고, 그리고 내린 결론은 결국 우리 사회의 가장 부끄러운 얼굴을 보여주는 사례가 바로 이 문제임을 확인하게 되었다는 점이다. 선정적 이슈에 몰려들었다가 정작 문제의 해결을 위한 진지한 논의는 뒷전으로 던져버리고, 대학교수님들이, 법률가들이, 그리고 정치인들이 이 사안의 정치적 유불리를 통해 먹잇감으로 물고 뜯는 동안 자랑스러운 대한민국의 촉법소년들은 어두운 뒷골목에서, 어른들의 그늘에서 오늘도 범죄의 소용돌이 속으로 들어가고 있다는 점이다. 그리고 그들을 필사적으로 붙들기 위해 교정기관의 실무 담당자들과 학교현장의 선생님들, 소년범죄 관련 전문가들은 안타까운 호소를 외치고 있다. "제발 우리 목소리에 귀를 기울여주세요"라고.

  소년은 어른이 만든 사회 속에서 자란다. 소년의 폭력은 그 아이 혼자만의 것이 아니다. 그것은 가정, 학교, 지역사회, 국가 시스템이 함께 만들어낸 그림자일 수 있다. 법은 소년을 보호하기 위해 존재하지만, 때로는 정의를 위해 변화해야 할 때도 있다. 그러나 그 변화가 '강한 처벌'만을 향해선 안 된다. 우리가 묻고 고민해야 할 것은, 아이를 벌주는 방법이 아니라 다시 품고 성장하게 하는 방법이다. 그리고 우리의 관심이다. 촉법소년 논쟁은 단지 소년의 문제가 아니라, 우리 사회가 어떤 미래를 선택할 것인가에 대한 질문이다. 그 질문에 대해 이제 당신이 답할 차례다.

미주

들어가며: 당신은 어떤 선택을 하겠습니까?

1 권남영 기자, 13세 소년 무면허 절도차량에 치여 숨진 '배달 알바' 청년, 국민일보, 2020.04.01.
2 김우람 기자, '뺑소니 사망 사고' 촉법소년들, 또 범죄…중학생 잔혹 폭행, 이투데이, 2022.08.02.
3 안혜리 논설위원, SNS 올린 '구미경찰서 재낄준비'…촉법살인 비극 시작이었다, 중앙일보, 2020.04.16.
4 김민경, 촉법소년 연령 기준에 관한 연구, 국내석사, 동국대학교 일반대학원, 2023. pp. 6~8.
5 헌법재판소 2003. 9. 25. 선고 2002헌마533 전원재판부 [형법제9조위헌확인 등] [헌집15-2, 479], Casenote. https://casenote.kr/%ED%97%8C%EB%B2%95%EC%9E%AC%ED%8C%90%EC%86%8C/2002%ED%97%8C%EB%A7%88533
6 당시 이들은 12살, 13살로 촉법소년에 해당하는 연령이었다.
7 김정필 기자, 촉법소년 논란 "국가, 피해자 보호의무" vs "소년사건 흉악범죄 1% 불과", 한겨레신문, 2020.01.05.
8 헌법재판소 2003. 9. 25. 선고. 위의 글.
9 최재천 변호사(법무법인 한강), 첫 여성헌법재판관의 첫 보충의견에 대한 관견, 법률신문, 2003.10.27.
10 위의 글.

제1장   촉법소년이란 누구인가?

11 김강현, 교화와 처벌의 정책 딜레마: 촉법소년제도의 분석, 입법과 정책, vol.14, no.2, 통권 32호, 국회입법조사처, 2022. P.182.
12 김봉수, 촉법소년의 처우와 개선방안에 관한 연구, 동국대학교 박사학위논문, 동국대학교, 2016. pp.38~39.
13 SBS뉴스, "촉법소년 연령 하향, 어떻게 생각하나요?". 2022. 6. 19.<https://news.sbs.co.kr/news/endPagePrintPoup.do?news_id=N1006788975>
14 김민경, 위의 논문.pp.22~24.

제2장 통계의 이면: 늘어나는 청소년 범죄?

15   유스폴넷, 범죄-촉법소년 현황, https://theyouthacademy.police.go.kr/main/PLink.do?link=/main/etc/chart
16   이재윤 기자, 최근 5년간 촉법소년 현황, 연합뉴스, 2024.02.11.
17   법무부 보도자료, "소년범죄 종합대책 마련", 2022. 10. 26.
18   원혜욱, 인하대 법학전문대학원 교수, 위의 논문. 법무부 자료에 대한 반박은 이하 같은 논문을 자료로 인용한다.
19   김진태, 위의 글, 원혜욱 위의 논문에서 재인용. P. 172.
20   출처: 대검찰청, 범죄분석 2012년~2021년, 범죄발생비는 해당 인구 10만 명당 범죄자수.
원혜욱, 위의 논문.p.173.
21   출처: 법원행정처, 사법연감 2022년, 원혜욱, 위의 논문.p.175.
22   경찰청 생활안전국장, 안전한 학교, 행복한 학교. 유스폴넷. https://theyouthacademy.police.go.kr/main/Content.do?cid=intro
23   출처: 법원행정처, 사법연감 2015년~2022년, 위의 논문.

제3장 연령을 낮추자는 주장: 처벌이 필요하다

24   김강현, 위의 논문.p.181.
25   점승헌,촉법소년의 연령 하향, 법률실무연구 Vol.10 No.3, 사단법인 한국법이론실무학회, 2022. pp.349~350.
26   점승헌과 홍태석의 일본 소년법의 엄벌화 과정과 효과에 대해서는 인용된 논문을 참고할 수 있다.
27   박석원 기자, 고베 아동연쇄살인범 수기 출간, 日 뜨거운 논쟁, 한국일보, 2015.06.29.
28   홍태석, 엄벌화의 길로 들어선 일본 개정 소년법- 그 주요내용과 우리의 개정방향, 법이론실무연구 제11권 제1호, 한국법이론실무학회.
일본 소년법 개정과정에 대해서는 이 논문의 분석을 참고할 수 있다.
29   정환봉 기자, '개전의 정' → '뉘우치는 마음'…형법 용어 쉽게 바뀐다, 한겨레신문, 2015.07.26
30   日本經濟新聞, 2015년 3월 11일자, 위의 논문. p. 68. 에서 재인용.
31   위의 논문.p.70.
32   위의 논문. p.68.
33   KBS 뉴스, [공약 돋보기] '촉법소년' 4년 만에 60% 급증…대선 후보별 입장은?, 2022.07.07. https://news.kbs.co.kr/news/pc/view/view.do?ncd=5389186
34   이해인 기자, 김문수 "촉법소년 기준 14세→12세 미만으로 낮출 것", 조선일보, 2025.05.19.
35   최준, 촉법소년에 대한 빅데이터 분석: LDA 토픽 모델링 및 감성 분석을 중심으로, 시큐리티연구 Vol.- No.76, 한국경호경비학회, 2023.

제4장 반대 의견: 아이는 보호받아야 한다

36   윤설영 기자, 일본, 소년범죄 흉악해지자 처벌 연령 낮췄다, 중앙일보, 2017.09.06.
37   김민구 기자, 日 12세 女초등생 면도칼로 친구 살해, 매일경제, 2004.06.02.
38   이서규 기자, 초등생살인사건에 배틀로얄 발매연기, 노컷뉴스, 2004.06.17.
39   윤설영 기자, 위의 글.
40   2007년 개정된 일본 소년법의 분석에 대해서는 아래의 논문을 참고하였다.
장응혁, 최대현, 촉법소년 조사의 개선방안- 제22대 국회 발의안과 딥페이크 포르노 관련 변화를 소재로, 경찰학연구 vol.25, no.1, 통권 81호, 경찰대학 경찰학연구편집위원회, 2025. pp.38~44.
41   강정은(토론자), 이윤경(토론자), 최유경(토론자),공현,서경, [좌담] '애들이라고 봐주지 말라'는 목소리는 어디로 향하는가 : '촉법소년 연령' 등 소년 사법 제도 논란, 그 실상과 의미, 오늘의 교육 Vol.- No.69, 교육공동체벗, 2022.
42   황정용, 위기청소년 문제의 근본적 해결을 위한 학교전담경찰관의 역할 변화 모색 - 범죄와 싸우는 전사에서 회복적 사법의 일원으로, 한국경찰연구 Vol.21 No.1, 한국경찰연구학회, 2022.
이하 '회복적 사법'의 개념에 대해서는 이 논문을 참고하였다.

제5장 법률과 현실의 간극

43   원혜욱, 촉법소년 상한(형사미성년자) 연령 하향에 대한 비판적 고찰, 소년보호연구 vol.35, no.2, 한국소년정책학회, 2022. pp.169~170.
44   SBS 스페셜, '학교의 눈물', 2013.1.13. https://youtu.be/YnIJ8GXaEds?si=WDgrm8fJd61oi_Jn
45   위의 방송
SBS 스페셜, '학교의 눈물',2013.1.13.
46   김태호 기자, '호통판사' 천종호 "'소년심판'의 모티브…이 말 못 쓰게 했다", 중앙일보.
이후 천종호 판사의 인터뷰 내용에 대한 정리는 이 기사를 근거로 한다.
47   청소년 유스풀넷 https://theyouthacademy.police.go.kr/main/Content.do?cid=policy13
48   김중곤, 경찰 자체 선도프로그램 '희망동행교실'의 효과성 분석: 담당 경찰관들의 인식을 중심으로, 한국치안행정논집 vol.19, no.2, 통권 61호, 한국치안행정학회, 2022.
'희망동행교실'의 효과분석에 대해서는 위의 논문을 참고할 수 있다. 이 연구는 2021년 9월 14일부터 9월 28일까지 전국 17개 경찰청에 소속된 자체선도프로그램 담당경찰관 167명을 대상으로 수집한 설문조사에 대한 분석이다.

제6장 당신의 판단은?

49 한민경, 촉법소년 상한연령 하향 인식에의 영향요인 - 소년사법 실무전문가들을 중심으로 -, 소년보호연구 Vol.35 No.2, 한국소년정책학회 2022.
50 이길 수 있는 가능성
51 위의 논문. pp.269~279.
52 김송이 기자, 도끼로 초등 동생 살해한 중학생…"살인이 재밌어" 2명 더 노렸다, 뉴스원, 2024.03.05.
사건의 내용과 결과에 대한 분석은 김복준 전 경찰대 교수의 분석이 유튜브에 올라와 있고 이 내용을 참고했다.
https://youtu.be/nU_FIj_AlLA?si=aWJ3qsIS9khDNiLx
53 위의 기사.
54 유병돈 기자, 화성 8차 살인사건 범인 "재심 준비…때 되면 언론 인터뷰하겠다", 아시아경제, 2019.10.08.
55 사건의 정확한 내용과 분석에 대해서는 김복준 전경찰대 교수의 유튜브를 참조했다.
사건의뢰, [대한민국 살인사건 25화] 화순 아파트 사건 - 어떻게 청소년이?!
https://youtu.be/g3C_i1qtkW8?si=RXhDPfip13hLRIsj

제7장 대안과 제안: 길은 하나뿐일까?

56 이후 소년범죄의 '중간처우제도'에 관한 내용은 아래의 논문을 참고할 수 있다.
김봉수, 유영재, 소년사법 중간처우의 활성화에 관한 연구, 한국공안행정학회보 vol.31, no.1, 통권 87호, 2022.
57 2013.6.10 기준 사단법인 만사소년
58 황정용, 위의 논문, 이하 학교전담경찰관제도의 회복적 사법역할에 관한 내용은 이 논문을 참고하였다.

마무리: 소년은 사회의 거울이다

59 천종호, [세상읽기] 사법형 그룹홈의 법적 위치, 국제신문, 2015.06.10.
60 이상 사법형 그룹홈에 대한 내용은 위의 천종호의 글을 참고함.
61 김화영 기자, 애들 밥도 못먹이는 '사법형 그룹홈'…말로만 "나라의 미래", 미디어오늘, 2015.05.02.

미주

촉법소년 우리 아이들

초판 1쇄 발행 2025년 9월 1일

지은이	초끈
펴낸이	초끈
발행처	altairbooks

편집	초끈
디자인	초끈
제작처	인쇄소 (주)상지사피앤비

출판등록 2025년 6월 9일 제2025-00158호
e-mail   altairbooks.works@gmail.com
홈페이지 www.altairbooks.com

한국어판 출판권 ⓒaltairbooks , 2025, Printed in Korea
ISBN 979-11-994101-7-6 03360

이 책은 저작권법에 따라 보호를 받는 저작물이므로 무단 전재와 무단 복제를 금지하며, 이 책의 전부 또는 일부를 이용하려면 반드시 저작권자와 altairbooks의 서면 동의를 받아야 합니다.